Alexander Ehrenfeld

Studien zur Theorie des Reims

1. Band

Alexander Ehrenfeld

Studien zur Theorie des Reims
1. Band

ISBN/EAN: 9783744656481

Hergestellt in Europa, USA, Kanada, Australien, Japan

Cover: Foto ©Thomas Meinert / pixelio.de

Weitere Bücher finden Sie auf **www.hansebooks.com**

Abhandlungen

herausgegeben von der

Gesellschaft für deutsche Sprache in Zürich.

I.

Studien

zur

Theorie des Reims.

Erster Teil.

Von

Dr. Alexander Ehrenfeld.

ZÜRICH,

E. Speidel,

Akadem. Verlagsbuchhandlung.

1897.

Zürich, Druck von Zürcher & Furrer.

Meinem hochverehrten Lehrer

Herrn Professor Dr. Jakob Baechtold

in treuer Dankbarkeit

gewidmet.

Inhalt.

		Seite
Einleitung		VII

Erster Teil: Die Reimtheorie seit Herder.

I. Herder	.	1
II. Karl Philipp Moritz .	.	30
III. Goethe im Divan .	.	33
IV. Die Romantiker		
1. Wackenroder .		42
2. Novalis . .		43
3. Tieck . .		45
4. Friedrich Schlegel		48
5. A. W. Schlegel .		52
6. A. F. Bernhardi .		74
V. Caspar Poggel . .		88
VI. Wilhelm Grimm .		97
VII. A. F. Pott . . .		101
VIII. Neuere und Neueste		
1. Wiederholung . . .		106
2. Inhaltswert		108
3. Reinheit		111
4. Unreim		113
5. Musik : Sprache . . .		114
6. Ton : Farbe : Gefühl : Vorstellung		116
7. Wortspiel		117
8. Reimwörterbücher . . .		118
9. Reimbrechung		118
10. Reim : Figur : Stil . . .		118
Schluss		120
Namenregister		121

Einleitung.

Jede Untersuchung auf dem Gebiete der Literaturgeschichte, der Metrik, Poetik oder Stilistik gibt uns nur je ein Mittel, ein Kunstwerk, eine Persönlichkeit, eine Epoche, die ganze strahlende Welt der Poesie selbst vor unsern Augen wieder aufzubauen, nachdem sie in ihre Elemente zerlegt, nachdem die Fäden, die in tausendfältigen Verschlingungen das ewig wechselnde Schillern des buntesten Gewebes hervorgebracht haben, in ihrem Verlaufe verfolgt worden sind.

Ist so Interpretation im höchsten Sinne das letzte Ziel unseres Strebens, so müssen wir stets im Auge behalten, dass das Resultat einer Untersuchung nie eine abstrakte Formel sein darf, sondern innigeres Verständnis des Lebens der Poesie. So dürfen wir nie eine Erscheinung, den Reim z. B. ganz rein loslösen, dürfen sie nie für etwas wichtigeres halten, als eine der Erscheinungen, mit denen sie durch Wechselwirkung verknüpft ist, aus denen sie hervor-, in die sie übergeht.

Eine Dichtung wird nur der ganz verstehen, wer sie nachdichtet, eine Individualität offenbart sich uns nur, wenn wir uns leidenschaftlich in sie hinein empfinden, und unsere grössten Dichter, Natur- und Sprachforscher, was sind sie weiter als Nachdichter, Nachempfinder der Menschenseele, der Sprache, des Universums. Wie langsam, wie mühselig schleichen wir zählend und messend den Sehern und Entdeckern nach und haben nie das Ziel erreicht, das sie uns vorweggenommen, ehe neue Poeten der Wissenschaft in kühnen Träumen und Hypothesen neue Wege und Ziele gezeigt haben.

Es ist wahr, oft scheinen uns die Resultate einer früheren spekulativen Aesthetik in der Luft zu hängen, viel Schönes und Geistreiches, das auf dem Gebiete der Sprachwissenschaft und Poetik geleistet worden ist, müssen wir mit scheuer Vorsicht

betrachten und unsere Wissenschaft hatte es nötig genug, sich
auf eine materiellere Basis zu stellen; am Ende karren ja auch
alle die fleissigen Untersuchungen und Materialsammlungen den
Nährboden zusammen, aus dem Systeme und Hypothesen ins Kraut
schiessen können. Aber es dürfte doch nicht unnütz sein, die
Leistungen einer vergangenen Epoche zu betrachten. Sinn und
Liebe für das Schöne, sicherer Takt und feiner Geschmack haben
selbst nach heute verworfenen Prinzipien Bleibendes geleistet auf
einem Gebiete, wo es hauptsächlich auf Liebe, Takt und Geschmack
ankommt. Und auch von den Resultaten abgesehen, viele dieser
Abhandlungen sind mit so viel Geist und in so vollendeter Form
geschrieben, dass sie als Kunstwerke die Berechtigung ihrer Exi-
stenz in sich tragen und uns mit Bedauern erfüllen über die immer
mehr hereinbrechende Verrohung auf dem eigensten Gebiete der
Schönheit. Mit welch' sicherem Gefühle haben Herder, Goethe,
die Romantiker, die ersten Germanisten erkannt, wie weit Poetik
und Sprachforschung sich dem Einflusse der Naturwissenschaften
hingeben durften; aber schon Poggel [1]) warnte in richtiger Einsicht
vor der Gefahr, die alles laufe, „den Weg der Analogie zu gehen“,
wir möchten sonst „wähnen, die Dinge zu erforschen, wenn wir
sie vergleichen“, er warnte, wie später Ludwig Tobler [2]), vor der
zu weit gehenden Vergleichung der Sprache mit einem Organismus.
Und wie sehr hat sich diese Ahnung erfüllt: nicht mit Unrecht
sagte Adolf Exner, die Naturwissenschaft sei der Zopf des 19. Jahrhunderts!

Wenn wir aber nachsehen, welche Schlüsse aus den nun so
eifrig gesammelten Thatsachen gezogen werden, so müssen wir
staunen über die Dürftigkeit, über den Mangel an Bestreben, sich
über das mit so löblichem Eifer Gesammelte zu freierer, allge-
meinerer Betrachtung zu erheben. Während man Material zu Antworten herbeischleppt, vergisst man, welche Fragen aufgeworfen
wurden, und da man den Zusammenhang mit der Theorie verloren
hat, laufen die Neuesten da, wo sie theoretisieren, oft Gefahr, ihre

---

[1]) „Das Verhältnis zwischen Form und Bedeutung in der Sprache“,
Münster Theissing 1833, pag. VI ff.

[2]) „Kleine Schriften zur Volks- und Sprachkunde“, herausgegeben von
J. Baechtold und A. Bachmann. Frauenfeld, Huber 1897 S. 284 ff. „Ueber die
Anwendung des Begriffs von Gesetzen auf die Sprache.“

Beobachtungen in ein von Andern längst abgeworfenes Mäntelchen zu hüllen. Herder, Goethe, die Romantiker haben die Gebiete erleuchtet, auf denen wir heute „mit gieriger Hand nach Schätzen graben". Und gerade auf dem Gebiete der Reimtheorie waren sie am ehesten befähigt, das, worauf es ankommt, herauszufinden, nirgends ist auch die Gefahr einer geistlosen Behandlung grösser. Denn, indem der Reim vom Körperlichsten und vom Geistigsten zugleich abhängt, vom Laut und vom Sinn, indem er vom Klangmaterial der Sprache, das aus allen möglichen mechanisch-physiologischen, grammatischen und auch literarhistorischen Ursachen gewachsen und geworden ist, ebenso bestimmt wird wie von den Gedanken und Empfindungen des Dichters, wie wahrscheinlich erscheint es unter den heutigen Verhältnissen, dass das Stoffliche überschätzt wird. Trotzdem wie nirgends auf den Reim der Spruch Goethes passt:

> „Sei das Wort die Braut genannt,
> Bräutigam der Geist."

Ich beginne diese „Skizze einer Geschichte der Reimtheorie" mit Herder. Ein Blick in Johann Georg Sulzers „Allgemeine Theorie der schönen Künste" [1] zeigt uns, um was es sich bei den vielen Streitigkeiten wegen des Reims vor Herder handelte. Höchstens darum, ob er von den Arabern herkomme, inwieweit er das Gedächtnis stütze und träge Ohren reize und ob er den Gedanken fessle. Selbst seine Verteidiger wie Adelung [2], der noch stark von J. E. Schlegels „Schreiben an den Herrn N. N. über die Comödie in Versen" [3] beeinflusst ist, wissen nicht viel mehr von ihm zu rühmen [4]. Seiner psychologischen Quelle, dem

---

[1] IV² Leipzig Weidman 1794 S. 80 ff. Dasselbe zeigen auch die Zusätze von Blankenburg, die auch schon Moritz und Herder kennen. Uebrigens findet man an diesem Orte eine reiche Literatur über den Reim verzeichnet.

[2] „Ueber den deutschen Stil" 1785 II 274.

[3] Deutsche Literaturdenkmale des 18. und 19. Jahrhunderts, in Neudrucken herausgegeben von B. Seuffert Bd. 26. J. E. Schlegels ästhetische und dramaturgische Schriften. Heilbronn, 1887, S. 9 ff. Die Erhebung in die Sphäre des Idealen, die der Reimvers bewirkt, ist nicht dem Reime allein, sondern dem Vers überhaupt eigentümlich.

[4] Die Darstellung dieser Streitigkeiten bei J. Antoniewicz (Vorrede zum Seuffert'schen Neudruck der vorgenannten J. E. Schlegel'schen Schriften pag. XXII ff.), bei Braitmaier (Geschichte der poetischen Theorie und Kritik von den

Zusammenhang, der zwischen der Frage nach dem Ursprung des
Gleichklangs und dem Ursprung der Sprache besteht, der Frage
nach dem Verhältnisse von Klang und Sinn wurde ebensowenig
nachgeforscht wie seiner Wirkung, die mit der Wirkung des Sprach-
klanges, der Frage nach der Abhängigkeit von Form und Inhalt,
nach der geheimnisvollen Entsprechung von Tönen, Farben, Gestalten und Empfindungen so innig verwandt ist. Wer kannte
auch damals das Bedürfnis, die Seelenvorgänge des Dichters zu
beobachten, wozu gerade die Reimtheorie so viel Gelegenheit
bietet!

*   *   *

Von Herder rühren die ersten und zugleich bedeutendsten
Versuche einer psychologischen Erklärung des Reimes her. Eine
tiefe und reiche Quelle sprudelt aus dem Wirken und Werken
dieses grossen Mannes, nährend und erfrischend für die klassische
Periode der deutschen Dichtung. Und auf die verschiedensten Gebiete ergiesst sich die belebende Flut, dem schwankendsten Elemente gleich auch durch das Schillern der Farbe, das unbestimmte,
gehaltlose Hin- und Herwogen. Er ist nicht der Mann des klaren
Denkens, der seine fertigen Massstäbe überall anlegt. Er ist ein
in träumender Dumpfheit hinbrütendes Stück Natur. Aber ein
Stück Natur, das sich auf sich selbst besinnt. Tief symbolisch
spricht er sein eigenstes Wesen aus, wenn er den Ursprung aller
Religion, alles Denkens, alles Dichtens im Aufglühn der ersten
Morgenröte sieht. Auch bei ihm schimmert jeder Gedanke, wie

Diskursen der Maler bis auf Lessing, Frauenfeld, Huber, 1888) und Wanick
(Gottsched und die deutsche Literatur seiner Zeit, Leipzig 1897, S. 135, 292,
414) scheint zu diesem Urteile zu berechtigen. Bürgers Arbeit über den
Reim (Göttingen, Dietrich 1835, S. 341 ff.) beschäftigt sich nur mit Wohlklang
und Reinheit. Lessing, III 207 f., in dem Aufsatz gegen die Nachahmer Klopstocks, meint, die Schwierigkeit sei ein Lob des Reims, man müsse ihm, wie
ein geschickter Spieler den unglücklichen Würfen, durch geschickte Wendungen
eine so notwendige Stellung anweisen, dass man glauben müsse, es könne
unmöglich statt seiner ein anderes Wort da stehen. Alt ist der Verteidigungs-
grund, der Reim verhelfe zu unerwarteten Ideen, schon Gottscheds Lehrer Pietsch
spricht ihn (in Deutschland) aus.

[1]) C. Hebler, Lessing-Studien, Bern, Huber & Comp. 1862, sagt, Lessing,
der Gelegenheitsdenker, sei mehr Philosoph gewesen, weil er kein System gehabt
habe, da sei der Trieb noch lebendig, ein System beweise nur, wie schnell man
mit der Philosophie fertig geworden sei.

eben aus der Nacht des Unbewussten emporgetaucht und von den ersten Strahlen der Vernunft gestreift, im Morgenglanz der Poesie. Und darin liegt seine grosse wissenschaftliche Bedeutung. Denn weil er nicht erstarrte Gedanken in symmetrische Ordnung bringt, was man ein System bauen heisst, sondern es ruhig in sich wachsen lässt und das Keimen und Reifen der Empfindung in seinem Innern beobachtet, ist er im stande, den gemeinsamen Quellpunkt der verschiedensten Lebenäusserungen zu beobachten. Er ist der kühnste Analogiebildner, aber auch der berechtigteste, am meisten fördernde, weil er das Wesentliche vom Unwesentlichen unterscheidet und mit grossem, sicherm Blick die einfachsten Elemente erkennt. Weil er sich immer im Werden sieht, beobachtet er auch alles andere historisch, weil er die feinste, zarteste, individuelle Färbung jeder Erscheinung wahrnimmt, betont er auch immer die Berechtigung derselben bei jedem Volke, bei jedem Menschen, bei jeder Epoche, und ist gerade auch darum im stande, das Gemeinsame, allgemein Menschliche solcher Erscheinungen bei verschiedenen Völkern, die scheinbar gar nichts miteinander zu tun haben, zu bestimmen. Und weil so seine genialen Träume, die er uns in seinen Werken stammelnd zu deuten versuchte, die einfachsten und natürlichsten Elemente des Gegenstandes zeigten, ihn im Werden darstellten und Milieu, Individualität und allgemein Menschliches auseinanderhielten, sind sie die Baupläne für alle geworden, die vielen grossen Meistern und Tausenden von kleinern auf ein Jahrhundert hinaus den Gang ihrer Arbeit vorzeichneten. Und da wir im wesentlichen noch immer nicht über ihn hinaus sind, so kommt derjenige gewiss zu Schaden, der sich nicht an ihn hält.

Niemand war wie er berufen, Erklärer des Schönen zu sein. Er konnte sich ins Fernste hineinträumen und es gegenwärtig machen, in Leben und Handlung umsetzen. Er sucht sich das Fremdartigste und Eigenste abgelegener Länder und Zeiten eigen zu machen, zieht es leidenschaftlich und sehnsüchtig an sich, vermischt sich mit ihm, löst es in sich auf, ganz Übersetzer, ganz Interpret. Viel fördernder, als wenn er ein dickleibiges Werk über den Reim geschrieben hätte, sind seine verstreuten Bemerkungen, die den Gleichklang in Verwandtschaft und Wechselwirkung mit andern Erscheinungen zeigen.

Goethe war auch hier, wie in vielem anderem, der Vollender, das
goldene Gefäss, in dem die trüben Ideen Herders sich am reinsten
abgeklärt haben. In seiner literarhistorischen Epoche, da er bei
Abfassung seiner Selbstbiographie alle Wurzeln der Dichtung bloss-
zulegen sich bemüht hatte, ergänzte und führte er die Herder'sche
Poetik weiter bis zur Beobachtung subtilster Sekundärwirkungen.
Er hat aber nicht nur Herders Theorien ausgebaut, er hat sie
auch auf seine Praxis wirken lassen.

Und Goethes Praxis war die Offenbarung, welche die Romantiker
zur Grundlage ihrer Theorien machten, die bei ihnen ja der
Praxis so oft voranging. Wie ausgetüftelt, wie konstruirt auch
ihre Erklärungen sein mochten, ihre Empfindung war fein wie
ihr Gehör. Besonders die Theorie von der Verknüpfung der
Strophen durch den Reim haben sie weiter ausgebaut und seine
Klangwirkung erwogen. Und für die Reimtheorie war es von
Vorteil, dass die Poeten unter den Romantikern so sehr zur
Philosophie, ihre philosophischen Köpfe so sehr zur Poesie strebten,
wie verderblich das auch sonst gewesen sein mag.

Romantiker sind auch die ersten unter unsern Germanisten
gewesen. Der erste, der auf der Grundlage einer statistischen Aufnahme des Tatbestandes seine Beiträge „zur Geschichte des Reims"
schrieb, Wilhelm Grimm, gehörte noch jenen Forschern an, deren
Leben voll ernster, strengwissenschaftlicher Arbeit vom Abend-
rot einer poesievolleren Zeit verklärt war, ja die selbst Poeten
waren. Ganz befreit von der Romantik hat sich überhaupt kaum
einer unserer modernen Literarhistoriker, sie werden aber auch
häufig genug von Herder direkt beeinflusst. Die erste grosse, durch
Humboldts „Kawisprache" angeregte Abhandlung, die wir hier
nach Grimms „Geschichte des Reims" zu betrachten haben, Potts
„Doppelung", ist nur eine weitere Ausführung Herder'scher Ideen.
Und unsere modernste Poetik, diejenige Wilhelm Scherers, verdankt eingestandenermassen Herder ihre Anregung. Sie hätte in
weiterer Ausführung die reichen Schätze, die noch in Goethes
„Noten und Abhandlungen zum westöstlichen Divan" ungehoben
liegen, benutzt[1]), und hätte in ihrer Vollendung nicht nur von
Herder angeregt sein, sie hätte auf ihm ruhen müssen.

---

[1]) Wilhelm Scherer, Poetik, pag. 267 unter 7).

So wenden wir uns denn unsrer Betrachtung zu, die, es sei ausdrücklich bemerkt, keinen Anspruch auf Vollständigkeit macht. Es handelt sich nur um die Weiterbildung Herder'scher Ideen, nicht um eine Geschichte des Reims, nicht um ein Verzeichnis aller Literatur, nicht um die Streitigkeiten um den Wert des Reimes, Reinheit u. s. w., so wichtig dies auch alles für die Literaturgeschichte ist. Auch aus neuerer Zeit soll nur das Hervorragendere berücksichtigt werden.

Hingegen wurden bei Herder und den Romantikern auch nebensächliche Bemerkungen gebracht, um ein ganzes Bild ihrer Behandlung des Reims zu haben. Dass Betrachtungen über den Ursprung der Sprache, das Verhältnis von Ton, Farbe, Empfindung, über das Verhältnis der Sprache zur Musik, über das Wortspiel und alle Arten der Wiederholung weit ausgeführt wurden, liegt im Geiste dieser Abhandlung. In einer Arbeit „Über die Wortwiederholung in Shakespeares Sonetten", die in Herrn Professor Vetters englischem Seminar entstanden ist und demnächst im Druck erscheinen wird, hoffe ich die Früchte meiner historischen Betrachtung der Reimtheorie zeigen zu können.

* * *

Während des Druckes dieser Arbeit starb mein lieber Lehrer, Herr Professor Baechtold, unter dessen Augen sie entstanden war. Mit inniger Kenntnis der Poesie verband er ein so feines Musikverständnis, dass Johannes Brahms schrieb, einem Manne wie ihm gegenüber mache er sich's nicht leicht „und freue sich besser nachher, wenn eine gelungene Arbeit sein Interesse, seine freundliche Gesinnung erwerben konnte." So war er empfänglich für den zartesten Reiz der poetischen Form; und dennoch wirkte sein Wesen noch mehr auf mich als sein Wort. Es war, als zöge sich alles Hässliche vor dieser vornehmen Natur zurück, als bliebe, wohin auch immer er in den reichen Schatz seines Wissens griff, bloss das Edle in seiner Hand. Bei ihm hatten sicherer Takt und feiner Geschmack immer das letzte Wort und seine ganze Art veranlasste den Schüler, sich in die Werke jener Männer zu vertiefen, als deren letzten einer er ausspendete, was allein das Leben wert macht und eins ist mit Religion und Bildung und Tugend: Schönheit.

Erster Teil:

Die Reimtheorie seit Herder.

Vorbemerkungen.

Herder's sämtliche Werke, herausgb. von Bernhard Suphan, Berlin 1877 ff. XXXI.
Zitirt: Herder.

Goethe's Werke, XXXIV, Berlin, Gustav Hempel. Zitirt: Goethe H.

Goethe's Werke, herausgb. im Auftrage d. Grossh. Sophie v. Sachsen. Weimar,
Hermann Böhlau, 1887 ff. I. Abt.: Werke; II. Abt.: Naturwissenschaft;
III. Abt.: Tagebücher; IV. Abt.: Briefe. Zitirt: Goethe W.

Friedrich Schlegel, 1794—1802, seine prosaischen Jugendschriften, herausgb. von
J. Minor, Wien 1882, II. Zitirt: Friedrich Schlegel.

August Wilhelm von Schlegel's sämtliche Werke, herausgb. von Ed. Böcking,
Leipzig 1846—47, XII. Zitirt: Böcking.

A. W. Schlegel's Vorlesungen über schöne Literatur und Kunst, herausgb. nach
der Handschrift von Jakob Minor, Heilbronn 1884. Dtsch. Lit.-Denkm. 17,
18, 19. Zitirt: Minor I, II, III.

Herder, nach seinem Leben und seinen Werken dargestellt von R. Haym,
Berlin 1880—85, II. Im Kap. I zitirt: Haym.

Rudolf Haym, die romantische Schule. Ein Beitrag zur Gesch. d. dtsch. Geistes,
Berlin, 1870. Im Kap. IV zitirt: Haym.

NB. In den Marginalien sind der Kürze halber harmlose mathematische
Zeichen eingeführt, die das Verhältnis zweier Begriffe folgendermassen ausdrücken:

Reim $<$ Musik bedeutet: Reim entstanden aus Musik.

Reim $>$ Musik „ : Musik „ „ Reim.

Reim $=$ Musik „ : Reim ist gleich Musik.

Reim : Musik „ : Verhältnis zwischen Reim und Musik.

Reim $\parallel$ Musik „ : Reim hat dieselbe Ursache wie Musik.

I. Herder.

———

Der Reim beruht auf dem allen Künsten gemeinsamen Prinzip der Zweiteiligkeit 1—2; im sensorium commune alle Sinnesempfindungen vereinigt 3—5; Symmetrie, oberstes ordnendes Gesetz, allen Künsten gemeinsam
5—7; Reim < mnemotechnischen Gründen 7—8; Reim durch Musik
< Parallelismus 9; Reim < Wortspiel 10—13; Reim im Lehrgedicht
13—16; der Reim am rechten Ort 16—21; Polygenesis 22—27; Schluss-
betrachtung 28—29.

In seinem Fragment „Zur Archäologie der Hebräer" [1]), dem
ersten Vorläufer zu „Vom Geist der ebräischen Poesie", spricht
Herder als Erster in tiefgehender Weise über das Wesen des Reims.
Polemisirend knüpft er an L o w t h an, der den Parallelismus in der
Bibel entdeckt hatte. Aus Chorgesängen, hatte Lowth behauptet,
sei der Parallelismus entstanden [2]), aber nicht nur an Stellen, wo
vom Herrn geredet wird, bei jeder Äusserung eines Affektes, wo
von Tempelchören gar nicht die Rede sein kann, ja nicht nur in
der Bibel, sondern bei allen Morgenländern, bei allen Poesien wilder
Völker überhaupt, entgegnet Herder, finden wir den Parallelismus.
Und indem er nun die Sprache der Poesie aus der Sprache des
Affekts ableitet, weist er nach, wie die einfachste, natürlichste symmetrische Anordnung, sobald nur einmal von Kunst, Anordnung,
Bildung die Rede war, die zweiteilige sein musste. Und mit jener
kühnen und sicheren Art, die ihn sofort das Analoge auf allen
Gebieten herausfinden lässt, erhebt er sich vom Parallelismus der
Bibel zur Betrachtung der Zweiteiligkeit aller ursprünglichen Poesie
und Kunst. Aus demselben Gefühl der ursprünglichsten Symmetrie

Zweiteiligkeit aller Künste.

———

[1]) Haym Herder I, 279 ff. Werke VI, 40 ff. aus dem Nachlass von 1769.
[2]) In den Studien und Entwürfen zur Archäologie, Nantes, August-
Oktober 1769, bringt Herder noch Parallelismus und Chöre zusammen VI, 124,
ebenso in einer Anmerkung zum „Geist der ebräischen Poesie" XII, 90 c.

entstand nach ihm „der leichteste Tanz, zwei gegeneinander tan-
zende Chöre, die leichteste Symmetrie der Gedanken, Wiederholungen, Gegensätze, Räthsel und Antwort: die übersehlichste
Symmetrie im Versbau, zwo sich entsprechende Zeilen: endlich

Parallelismus u. Reim dasselbe Prinzip. die natürlichste Rhythmik des Ohres, der Parallelism **o d e r d e r
R e i m   b e i   s o   v i e l e n   N a t i o n e n.** Alles ergibt sich aus
einem Prinzipium, Alles stimmt mit dem rohen Anfange der Kunst,
die die einzelnen abgetrennten Ausbrüche der Seele auf die leichtste,
natürlichste Weise nach dem einfältigen Plan einer Symmetrie
schön ordnet: alles endlich wird durch die Geschichte aller Sprachen,
Völker und Welttheile bestätigt. Wir brauchen nicht nach dem
Tempel zu Jerusalem zu wallfahrten: wo auf der Erde die Natur
Poesie spricht und die Kunst Poesie ordnet: da wird dieser Parallelismus so der Anfang der Dichtkunst seyn, wie die leichteste
Symmetrie in der Baukunst, im Tanz, im Gesange, in der Menschlichen Gestalt, in der Zeichnung und in Allem, Anfang der schönen
Kunst ist. Da misst das Auge, das Ohr, der denkende Geist, der
sich bewegende Körper: die Seele würkt und vollendet, geht in
Theile und fühlt zugleich, dass sie ein Ganzes habe: beschäftigt
sich also ohne sich zu entkräften: sie empfindet dunkle Vervoll-
kommung, und Wohllust und Schöpfung und Nachahmung Gottes.
Die Symmetrie tönt im Ohre wieder:

> Schlag auf Schlag, Gedank' auf Gedanke! Der hörende Jüngling
> Jauchzt und zerfliesst im Gefühle der Freuden [1]).

Die einfache Symmetrie spielt im Auge mit Farben, mit Gestalten,
mit Gebäu: regt sich im Tanz des hüpfenden Körpers: wiegt den
sich dunkel fühlenden Geist, der Entzückung und Ohr,

> trunken wallet in der Fluth
> der hohen Harmonie! — [2])" [3]).

---

[1]) Nach Redlichs Anmerkung zu VI, 43 in VI, 514 aus dem Messias IV.
565/66 K. 1. 124 H. — Mit Absicht scheint Herder „Schlag auf Schlag, Gedank'
auf Gedanke" als Muster wirksamer symmetrischer Wortstellung zu zitiren.

[2]) Nach Redlich VI, 514 ungenaues Zitat aus Gerstenberg, Der Skalde,
Z. 13 f. Vermischte Schriften 2. 90.

[3]) Vom Parallelismus spricht Herder noch oft, teils charakterisirend, wie
in der Archäologie der Hebräer VI, 16 und zugleich fast immer interpretirend.
VI, 30, 31, 38 ff. 79, Älteste Urkunde VI, 213 f. VI, 245, wo er im Verhältnis zu

Wenn Herder hier die verschiedenartigsten Erscheinungen auf eine psychologische Quelle zurückführt, so ist das nicht etwa ein Spiel des Geistes, ein witziger Einfall, sondern ein Grundgedanke seiner Poetik, der sich in Erläuterungen und Erklärungen fortwährend wiederspiegelt. Es ist das sensorium commune, der innere Sinn, der, wie hier für das Gemeinschaftliche aller Äusserungen des Symmetriegefühls, in seiner Lehre von Bild und Metapher den Brennpunkt abgiebt für die Ausstrahlungen der verschiedensten Sinnesempfindungen, gleichsam ein polyglottes Wörterbuch, das ihn in den Stand setzt, dieselben eine in die andere zu übersetzen. So ist es ihm möglich, Bild und Parallelismus, Gesichts- und Tonempfindung zur gegenseitigen Erhellung zu benutzen, und es ist wahrscheinlich, dass eben dies tiefe Bedürfnis Herders, alles in Einem zu finden, dieser mystisch-pantheistische Drang hier psychologischer Erreger war.

Sensorium commune.

Suchen wir dieses „sensorium commune" einmal zu betrachten. Das innere Auge wurde vom innern Ohr unterstützt, heisst es da einmal, zu ihrem lebendigsten Ausdruck bedienten sie sich der Geberden für die Bilder, des Tanzes für die Töne, für den Rhythmus. „Sowohl in Poesie als Musik ist der Rhythmus nichts als Tanz: die Bilder der Ersten sind nichts anderes als Geberhden der grossen, allgemein belebten Natur, die sich im Antlitz und in der Seele des Menschen spiegeln. Also sind alle drei Künste so verschlungen in einander, dass selbst eine philosophische Auseinander-

---

Vergleichung dargestellt wird, 291; VI, 294, wo das Verhältnis von Parallelismus, Bild und Wortspiel erörtert wird; X, 67 Anm. 5; X, 96 Anm. 5; X, 126; X, 136, wo er als Ausdruck zweier Stimmen in einer Brust dargestellt wird, X, 116, 117 (u. 116 Anm. 3), wo sein Verhältnis zur metrischen Übersetzung zur Besprechung gelangt, wie denn überhaupt X [Briefe, das Studium der Theologie betreffend] der Eigenart der äussern Form der Bibel gerecht zu werden versucht; XI, 226 [vom Geist der hebräischen Poesie] beginnt die eingehendste Erörterung. XI, 235 ff. [Parall.: Rhythmus] 255—57. XI, 397 [Parall.: Kontrast]. XI, 342 [Parall.: Bild], XI, 258 [Wunsch: Ausführung], XI, 447 [Parall.: Asson.: Reim], [ebenso 473], XII 21 ff. [Parall.: Musik], [Vom Geist der ebräischen Poesie II], XII, 31 [Parall.: Rhythmus]; dann die Anmerkungen, die von fortwährender Anwendung in der Interpretation Zeugnis ablegen, wie XII, 70 b, 71 c, 130 g, 131 h, i; 132 k, 133; XII, 139 t, 142 a, 237 n [Parall.: Wortspiel], 245 l, 261 mn, 263 x und 264 a [Gott: König], 269/70 o, 271 q, 273 b, 275 f, k, 295 a, 338, 339, 342, 343, 186 [Parall.: Rätsel].

setzung ihrer Begriffe nicht möglich ist, ohne dass Eine im Felde
der andern sammle. Und sobald dies nicht geläugnet werden kann,
muss es einen Punkt der Zusammentreffung zwischen ihnen geben,
der, wenn er meisterhaft erreicht wird, nothwendig von der grös-
sesten Gewalt seyn dörfte. Er wirkt nehmlich auf alle sinnliche
Kräfte, er schleicht zur Seele oder bestürmt sie durch alle Organe; er trift das sensorium commune, in dem Bilder, Töne,
Empfindungen und Bewegungen schlafen, und rührt dasselbe als
eine Harmonie überirdischer Naturen" [1]).

„Mit mancherlei Sinnen und Seelenkräften" — sagt er im
sechsten Bande der Adrastea — „mit mancherlei Sinnen und
Seelenkräften, die dem ersten Anblick nach unvereinbar scheinen,
nehmen wir um uns ein ungeheuer-vielartiges Weltall wahr, und
eignen uns dasselbe mit solcher Innigkeit zu, dass wir über die
Kraft in uns, die sich aus und in Allem ein Eins schaffet, er-
staunen. Jeder Sinn vereint und sondert; aus allen vereint der
innere Sinn, die Empfindung und läutert, was ihm Jene zuführen. Die schaffende Einbildungskraft (ein wunderbares Ver-
mögen) entwirft und ruft aus allem Empfundenen neue Gestalten
mit unglaublicher Schnelle und Leichtigkeit hervor, knüpft sie
nach einem dunkel-empfundenen Gesetz des Raumes, der Zeit und
der innern Thätigkeit zusammen" u. s. w. [2]).

Die Sinne sind Sonderungswerkzeuge, aus allen Sinnen strömt
es in uns zusammen, „unser Inneres wird ein fortwährendes sensorium commune aller Sinne. Wir stehen im Strom, umfluthet
von den Eindrücken einer Kräftereichen, sich uns mittheilenden
Welt. Indem wir hören, sehen und fühlen wir auch" u. s. w. [3]).

Der innere Sinn umfasst alle niedrigen Seelenkräfte, sie zu
einem höhern Eins erhebend [4]), er ist Versammlung der Abdrücke
sehr verschiedener Typen [5]). Darum nennt Herder auch in seinem
Traum „Die Adrastea des Christenthumes" das Auge Gottes „Sen-

---

[1]) XII, 177/78 Verbindung der Musik und des Tanzes zum Nationalgesange.
Ein Anhang zum Liede der Deborah.
[2]) XXIV, 383, Adrastea VI.
[3]) XXI, 83 Metakritik.
[4]) XXI, 87.
[5]) XXI, 117.

sorium der ganzen Schöpfung" [1]), spricht er von einer Verbindung
von Musik, Sprache, Tanz und Pantomine im feinsten Punkt [2]),
nennt er die Seele „das Ohr des Auges, das Auge des Ohrs, die
Form aller Formen" [3]). Er beschäftigt sich lebhaft mit der für
die Bilderlehre so wichtigen Analogie von Ton und Farbe [4]) und
kehrt immer und immer wieder zu der von ihm so eifrig behaupteten Einheit von Musik, Poesie, Rhythmus und Tanz zurück [5]).

Daher denn auch bei Herder die häufige Wendung: „Alles
dies entspringt alsdann aus einer Quelle" [6]), „Die Verderbnisse
mussten bald aus eben der Quelle kommen" [7]), „Alle diese Dichtungsarten sind im Grunde Eins" [8]), „ihr Vortreffliches und ihre
Fehler kommen aus Einer Quelle" [9]) u. s. w.

Wirken und weben so im innern Sinn alle Sinne ineinander,
so dass Gesicht vom Gefühle borgt und wir zu sehen glauben,
wo wir nur verkürzt tasten, Gesicht und Gehör einander wechselnd
entziffern [10]) und bewähren und Geruch „Geist des Geschmackes"
ist [11]): so empfindet er nur im beständigen Horizont seines Körpers
und stellt sich das Weltall nur nach den Formeln vor, die ihm
sein Körper zubrachte [12]). Und Symmetrie ist ihm leicht zu   Symmetrie.
fassende Wohlgestalt und Schönheit, die die Natur lieferte, wo
sie konnte, bis sie in der Menschengestalt „eine Formel vom Welt- Mensch Formel
all im leicht aufzulösendsten, umfassbarsten, simpelsten Bilde" des Weltalls.
schuf [13]). Er kann nicht umhin, sie zu preisen, „die sich, auch
dem dunkelsten Sinne schon, am Menschlichen Körper leicht und

---

[1]) XXIV, 58.
[2]) XXVII, 171.
[3]) XXVII, 165.
[4]) XXII, 64 f. Kalligone, XXIII, 536. Adr., XXIV, 436, 440.
[5]) Bilder, Accente, Ton, Geberden zum Ausdruck der Leidenschaft. XXII,
151; Musik, Tanz, Geberde aus Rhythmus XXII, 181/83; XXIII, 332.
[6]) I, 214.
[7]) V, 641.
[8]) XII, 14.
[9]) XVIII, 56 (oft bei Goethe).
[10]) Ein fortwährend wiederkehrender Grundgedanke in Herders Sprach-
theorien.
[11]) VIII, 285 Erkennen und Empfinden [2] 1775.
[12]) VIII, 251 E. u. E.[1] 1774.
[13]) Ebd. 241.

herrlich offenbaret. Die Natur wählte immer das leichteste Ver-
hältniss, Eins und Zwei: setzte so über und gegen einander und
immer die Glieder zusammen und in vertrauliche Nähe, die ge-
meinschaftlich sprechen sollten" [1]. In den anordnenden Künsten
finden alle feinen Gesetze des Ebenmasses ihr Vorbild in der
Menschengestalt und Menschenschöne [2]. Ob Herder, wie hier in
der Plastik der grossen Mutter dankt, oder in der ältesten Urkunde als grösstes Geheimnis und Heiligtum mystischer Begeisterung
voll ausruft: „Mensch, Bild Gottes! und selbst das sichtbare Nach-
bild und Hieroglyphe der Schöpfung" [3], „Wohlgestalt, Ebenmasse,
Symmetrien durch alle Formen und Glieder!", „Bild des Ganzen
unter der Gestalt und Bildung des Menschen: das grosse Weltall
in der Hieroglyphe des Kleinen!" [4] immer preist er die Symmetrie
als erstes und vornehmstes ordnendes Gesetz. Die Natur selbst,
das Vorbild des Menschen, ist zweigestaltig, hat ein thätiges und
leidendes Principium, Tag und Nacht, Mann und Weib [5]. Die
älteste Mythologie und Poetik ist eine Philosophie über die Natur-
gesetze; eine der drei simplen Ideen, aus welchen sich alle Dichtung
des menschlichen Geistes hervorgesponnen hat, heisst: „Liebe und
Hass, Empfangen und Geben, Thätigkeit und Ruhe, Vereinigung
und Trennung" [6].

Auch in allen Gestalten der Natur, in denen ein Mittelpunkt
oder eine Mittelgestalt ist, ist sie die Herrscherin, die auf beiden
Seiten hinaus ordnet, die ganze Eurythmie der Baukunst ist auf
sie gebaut [7]. Das schöne Menschengebilde ist in sich selbst ganz
Mass und Gestalt, alles misst und ordnet sich an userm Körper;
Einheit und Symmetrie, der vielfachste Gliederbau in der genauesten
Zusammenfügung und Beziehung, machen an ihm ein so überseh-
bares in Einen Blick zu fassendes Ganzes, dass unser Auge an ihm
wie an einem beschlossenen Vollkommenen mit Befriedigung haftet [8].

---

[1] VIII, 68 Plastik.
[2] VIII, 69. 70.
[3] VI, 314.
[4] VI, 320.
[5] XXII, 229 Kalligone.
[6] XV, 535. Zerstreute Blätter, dritte Sammlung.
[7] Kalligone XXII, 47.
[8] XXII, 171, ebenso XXII, 48; XXII, 53.

Und so kann Herder von einer Architektonik menschlicher Begriffe als der besten Logik und Metaphysik sprechen [1]), kann die Antithese mit der Architektur in Zusammenhang bringen [2]), den Hexameter und Pentameter, die Doppelflöte, die Freud und Leid .. sang, mit dem Mann, der breit und prächtig auftritt und mit der Frau, die sich zusammennimmt, zart und lieblich, vergleichen [3]). So ist die Natur, der Mensch, die bildenden Künste, unser Denken und Empfinden, Poesie und Mythologie, die alles in zwei Geschlechter teilen, die personifizirende Sprache, alles, alles ist erfüllt vom Gesetz der Symmetrie! Die Segenssprüche Bileams findet er „so einfach, wiederholend, symmetrisch erzählt, dass man auf lauter Zaubersprossen zu dem, was folgt, zu steigen glaubet" [4]); er nennt einzelne Geschichten des alten Testaments „mit poetischer Symmetrie geordnet" [5]), spricht im Aufsatze über Ossian, als er die Eigenart des Volksliedes erklärt, von „Symmetrie der Worte, der Silben, bei manchen sogar der Buchstaben" [6]), von Symmetrie des Rhythmus, des Sangbaren [7]), von einer „fallenden Symmetrie" in den Oden Ramlers [8]).

Innerer Sinn und Symmetriegefühl verhalten sich bei Herder wie Centrum und Peripherie. Erst die ordnende Kraft [9]) der Symmetrie macht die Äusserungen zu Künsten und verleiht dem Parallelismus (und also auch dem Reim), der Baukunst, dem Chorgesang und dem Tanz das Gemeinsame.

Aber noch mehr! Thaten, Gesetze, Geschlechter, Erfindungen, Weisheitssprüche und Lehren, sie alle sind in Sprüchen von so einfacher Symmetrie niedergelegt, weil dieselben dem Gedächtnis die sicherste Stütze bieten [10]). Also auch als mnemonisches Mittel

Reim < Gedächtnistechnik.

---

[1]) XIII, 365, Ideen.
[2]) IV, 163 ff., wo noch Tanz, Plastik, Malerei, Musik hineingezogen werden.
[3]) XXIII. 563, Adrastea III. Band; siehe auch S. 31 u. Anm. 2 dieser Arbeit.
[4]) XII, 160.
[5]) XII, 169.
[6]) V, 164.
[7]) V, 171.
[8]) V, 289, Rezension von Johann Adolf Schlegels Batteux-Ausgabe.
[9]) Herder legt immer Gewicht auf die ordnende Kraft der Symmetrie. Zu Herder als Ordner und seinen Einfluss auf Goethe vgl. Haym II, 335.
[10]) VI, 43.

hat Herder den Parallelismus und Reim — denn was von dem
einen gilt, gilt ja auch vom andern — erkannt, eine Ansicht, die
ja heute noch zu Recht besteht [1]).

Herder hat in diesem Fragment seine Gedanken über die
symmetrische Konstruktion in den sieben Schöpfungstagen ausgeführt [2]). Dass er auch darin nicht ohne Nachfolger geblieben ist,
zeigen uns die Heptaden Lachmanns, die männlichen und weiblichen Perioden, die Wellenberge und Wellenthäler bei Wilhelm
Scherer, die gleichfalls „Gedankenreime" sind.

Zum „Geist der ebräischen Poesie" leitet uns die „Älteste
Urkunde des Menschengeschlechtes" (1774) hinüber. Auch hier
sieht Herder überall Parallelismen; Höhen und Tiefen, Himmel
und Erde, alles erscheint ihm bei den alten Hebräern darauf gebaut, Naturlehre und Moral, Religion und Wissenschaft, Geist und
Körperlehre [3]); aber im „Geist der ebräischen Poesie" (1782) führt
er uns einen Schritt weiter. Zuerst wieder die poetische Seite
des Parallelismus, dann aber geht er auf die Wirkung desselben
auf Gedächtnis und Verstand über und zeigt, dass der Alexandriner
mit seinen zwei antithetischen Hälften nichts als Parallelismus sei
und eben deshalb auf den Verstand wirke [4]). Alle simplen Ge-
sänge, alle Kunstlieder seien seiner voll, und auch der Reim,
dieses Vergnügen für nordische Ohren, sei nichts anderes, als ein
fortgehender Parallelismus [5]).

*Reim = fort-
gehender
Parallelismus.*

Und dem Einwand, der Reim sei aus dem Morgenland zu uns
gekommen und wir könnten ihn ganz gut entbehren, begegnet er
kräftig. „Lange vor den Sarazenen sind Reime in Europa gewesen,
Assonanzen vor oder hinter den Wörtern, je nachdem sich das Ohr
eines Volkes gewöhnt hatte und seine Sprache es ertrug" [6]). Hier
haben wir zum ersten Mal die Theorie einer Polygenesis des Reims
aus dem Reichtum an Assonanzen in der Sprache erklärt. Well'

Polygenesis.

---

[1]) Heck, altfries. Gerichtsverfassung S. 73 und Grimm, Rechtsaltertümer.
[2]) VI, 38, 62, 63, 43 ff., 86, 287—97, XII, 338, 346, und oft wie VI, 339 ff.
bildlich ausgedrückt.
[3]) VI, 213.
[4]) Siehe den Brief Schillers an Goethe (Spemann 219), vom 15. Okt. 1799,
der ganz Herderschen Geist atmet, und Goethe, Noten u. Abh. zum Divan W. VII, 82.
[5]) XI, 238.
[6]) Ebenda.

auf Welle, Pulsschlag der Empfindung, Atemholen der Natur,
Systole und Diastole des Herzens, alle Bilder erschöpft, die Metren
und Rhythmen aller Völker plündert Herder [1]), um Analogien zum
Parallelismus zu finden und überall und zu allen Zeiten das Vorkommen des im Grunde gleichen, auf dem allgemein menschlichen
Gefühl für Zweiteiligkeit beruhenden Gefühls der Symmetrie zu
finden. Und dann bemüht er sich wieder, mit Zuhülfenahme der
Musik, aus dem Parallelismus heraus den Reim entstehen zu
lassen.

    „Aber jetzt beginnt eine zweite Gattung der Dichtkunst, Ge-
sang. Sobald Musik erfunden war, bekam die Poesie neuen
Schwung, Gang und Wohllaut. Die Bilderrede hatte nur die natürlichste Dimension, die Systole und Diastole des Herzens und des
Athems, den Parallelismus; mit der Musik bekam sie höhere
Töne, abgemessenere Kadenzen, ja selbst, wie wir aus dem Liede
Lamechs sehen, Reime. Was voraus Athem war, ward jetzt
klingender Laut, Tanz, Chorgesang, ein Saitenspiel der Empfindung.
Da Musik erfunden war, war auch das Lied, ohne Zweifel auch
der Tanz da; lasset uns sehen, was die Dichtkunst hiedurch gewonnen oder verlohren?" Und nun folgt, wie dies bei Herder
natürlich ist, ein Lob der Musik [2]).

    Lamechs Lied auf sein Schwert wird dann nochmals herbei-
gezogen: „Es hat Maas der Glieder und sogar Assonanzen: der
Parallelismus ist in ihm und Sie sehen, wie alt dieser ist. Lyrische
Poesie und Musik sind zu Einer Zeit, in Einer Familie erfunden:
jene war die Tochter dieser und immer sind sie vereinigt gewesen.
Kurz, hier ist das kleine Triumphslied, ich kanns Ihnen aber nur
ohne Assonanzen, ohne Reime geben" [3]). Im Inhaltsverzeichnis
ist die Stelle charakteristisch angegeben, „dass im ältesten Liede
schon Parallelismus und Reim sei" [4]).

    Auch vom Gesang Moses' wird ähnlich berichtet. „Der Durch-
gang durchs Meer hat das älteste und klingendste Siegeslied hervorgebracht, das wir in dieser Sprache haben. Es ist Chorgesang:

Reim durch Musik < Parallelismus.

Reim im ältesten Liede.

---

[1]) So XI, 236, den Hexameter; siehe auch S. 27 u. Anm. 5 dieser Arbeit.
[2]) XII, 20.
[3]) XI, 447.
[4]) XI, 473.

eine einzelne Stimme mahlte vielleicht die Thaten selbst, die der
Chor auffing und gleichsam verhallte. Sein Bau ist einfach, voll
Assonanzen und Reime, die ich in unserer Sprache ohne Wort-
zwang nicht zu geben wüsste: denn die Ebräische ist wegen ihres
einförmigen Baues solcher klingender Assonanzen voll" [1]).
     Aber nicht nur den Parallelismus, der tönt, als ob der Vater
zu seinem Sohne spräche und die Mutter es wiederhole, nicht nur
die Wiederholung aus Gründen künstlerischer Symmetrie, die sich
mit Musik und Tanz verbunden bis zum Reime steigert und dem
Bau des Hexameters oder beider Hälften des Pentameters vergleichen lässt, nicht nur das symmetrische Gedächtnislied findet
Herder in den ältesten Poesien der Ebräer, auf eine andere Seite
des Gleichklanges, die eine viel geistigere Ursache hat, macht er
uns aufmerksam. Namen und Wortspiele der Ebräer, in ihren
Rätseln und Fabeln insbesondere, führen naturgemäss zum Reim [2]).
In einer Anmerkung gibt Herder selbst die Quelle seiner Beobachtung an [3]), es ist des gelehrten Orientalisten Michaelis disser-
tatio de paronomasia sacra. Aber was dort und in der zweiten
zitirten Abhandlung Verschuir diss. de paronomasia sicherlich ein
Stellenverzeichnis ist, wie weiss es Herder zu beleben! Wie schon
die Namengebung und bei bedeutenden Vorfällen des Lebens die
Namensänderung Wortspiel ist, Deutungen bei Segenssprüchen in
der Bibel an den Namen geknüpft werden, im bittern Ernst bei
einer Abweichung vom rechten Wege der Prophet den glück-
bringenden Geschlechtsnamen durch eine kleine Beugung ver-
wandelte, wie auch die Namen der Städte [4]) solchen so deutungs-
reichen Wortspielen unterlagen, wie endlich die Sprache, die an
so wenige und einander so ähnliche Wurzelwörter zusammengeht
und mit ihren einförmigen Veränderungen so viel verändert, das
Wortspiel erleichtert, ja herbeiführt, das ist alles als Vorbedingung
sorgfältig aufgebaut. Und die Folge davon? Die Dichter, durch
Segenssprüche der Väter und die Namengebung ganzer Geschlechter
auf diesem Wege fortgeführt, konnten nichts anderes tun, als ihre

Reim < Wort-
spiel.

----

[1]) XII, 59.
[2]) XII, 192 ff.
[3]) XII, 195 x.
[4]) XII, 194.

Lobsprüche und Sentenzen diesem Genius des Volkes und der
Sprache anfügen; nicht nur Segenssprüche, auch Gesetze und
Pflichten werden in ähnliche Worte gefasst [1]).

Bei Symbolen, die die Propheten sehen und dem Volke zeigen,
bei Worten, die sie ihm aus dem Munde nehmen und gegen dasselbe selbst deuten, muss Herder bedauern, dass die natürlichsten,
die treffendsten Wortspiele unübersetzbar seien. Luther sei es
oft gelungen, solche Anspielungen glücklich auszudrücken [2]).

Zwar, sagt Herder, Reime habe es bei den Ebräern eigentlich
nicht gegeben, aber Assonanzen und Allitteration, auf die sie der
Parallelismus natürlich führte. „Was ist nun geistiger, was ver-
ständiger? der Reim, der ein Wortspiel blos für's Ohr ist; oder
die veränderte Ähnlichkeit eines Schalles mit dem Sinn, da das Klang: Begriff.
neue Wort, wie Pope sagt, echo to the sense wird [3])? Wie schöne
Wirkung macht's, wenn auch in unsern Reimen oder bei Sprich-
wörtern, Gegensätzen, Gleichnissen, Bildern, die Ähnlichkeit oder
Verschiedenheit der Begriffe sich auch in einem ungesuchten, ähnlichen Wort findet!" Weiter führt Herder aus, wie selbst in der
Philosophie solche Ausdrücke von grossem Nachdruck seien, wie
einer Nation, solange sie sinnlich denkt, solange sie die Sprache
in Mund und Ohr, nicht in Buchstaben und Augen mit sich trägt, Sprache: Schrift.
dergleichen Schälle als Stimmen der Erinnerung so angenehm als
unentbehrlich seien. „Daher bei allen Völkern, die keine oder
wenig Bücher haben, jene Liebhaberei an Assonanzen und Wort-
witz, daher bei ihnen in Sonderheit jene nachdrückliche, richtige
Kürze, jener schnelle, unvergessliche Ausdruck [4]), den die Maler
der Buchstaben nie erreichen." Kinder und poetische Nationen
machen gern Wortspiele [5]).

---

[1]) XII, 195.

[2]) XII, 196.

[3]) Minor, Neuhochdeutsche Metrik S. 349 sagt, Frau von Staël habe den
Reim mit Recht als „Echo des Gedankens" bezeichnet; der Ausspruch stammt
aber von Pope, von Herder zitirt, wird er von Goethe zu dem schönen Bilde
„die Form, das tausendfältige Echo des Gedankens" erweitert.

[4]) Stilistisch erinnert die Stelle an Lessing.

[5]) XII, 196, 197.

Und wieder geht Herder einen Schritt weiter und erhebt sich
in gewohnter Weise zur Analogie. Wenn die Schriftsteller des
alten Testamentes in ganzen Phrasen gern aufeinander bauen, und
jeder einen neuen Sinn daraus entwickelt, so sind dies auch Wortspiele, Wortspiele aber, die selbst die feinen Griechen liebten.
„Es gefiel ihnen sehr, aus Homers und andrer Weisen Munde ihre
eignen Gedanken zu sagen, und wem würde dies nicht gefallen?
Sowohl der Sprechende als der Hörende freut sich, jener, weil er
erfindet, dieser, weil er in einem geliebten Gewande einen neuen
Freund bekommt, d. i. in einem alten bekannten Ausdruck einen neuen
Gedanken. So brauchen die Propheten alte Bilder der Vätersprüche
und Psalmen, so brauchen neuere Ebräer die Worte Alter in einem
neuen Sinn, aber im schönen Nebel desselben Ausdrucks. Ihre
poetische Sprache, die mit Ausdrücken der Bibel redet, ist, wenn
man will, nichts als Wortspiel, aber oft wie fein! wie reizend für
den, der für die Einfalt ältester Zeit, die auf solche Weise in
einem feineren Schmucke erscheint, Sinn hat[1])!

So wird von Herder auch das Zitat und die Parodie in den
Kreis des Wortspiels gezogen, wo sie allerdings, da sie nur quanti-
tativ und nicht qualitativ von ihm unterschieden sind, auch hin-
gehören. So wenig das Zitat und die Parodie auch mit dem Reim
zu tun zu haben scheinen, sie stehen doch in demselben Verhältnis zu ihm, wie das Wortspiel. Da Herder immer nur vom
schallähnlichen Wortspiel spricht und auch dort, wo er dieses
dem Reim vorzieht[2]), dabei nur den Reim, der Klangspiel ohne
Sinnspiel mit sich bringt[3]), tadelt, sind wir vollkommen berechtigt, statt Wortspiel nach unsern abendländischen Verhältnissen seine Unterabteilung, den Reim zu setzen, den Reim auf
bedeutende Wörter, der Sinnspiel mit sich bringt. Und da können
wir nun fragen: was ist der Refrain dem Sinne nach anderes, als
Zitat oder Parodie? Wie das Wortspiel rührenden Reim bringen
kann und dieses sicher nur mit einem Zitat, das einen andern Sinn

---

[1]) XII, 197. Vergleiche zu dieser Stelle XXVI, 365, „Blätter der Vorzeit,
Jüdische Dichtungen und Fabeln, Vorerinnerung,“ wo er den jüdischen Fabeln
nachrühmt, „mit Worten der Bibel etwas ganz anderes zu sagen, als ursprünglich der Sinn war, etwas Neues, unerwartet Scharfsinniges und Schönes“.

[2]) XII, 196.

[3]) D. h. den Reim auf unbedeutende Wörter.

erhält, verglichen werden kann, bringt auch der Refrain nichts Refrain = erwei-
als erweiterten rührenden Reim. Und auch variirt kann er werden, terter rührender
Reim.
so wie aus rührendem Reim der erste, bloss teilweise gleich-
klingende Reim werden kann. Man sehe z. B. den variirten Refrain in Mörikes „Feuerreiter".
Herder hat das Wortspiel sehr oft in Betracht gezogen [1]).
Das Ausdeuten war ja selbst eine der vornehmsten Eigenschaften
Herders, von dem es Schiller gelernt hat [2]). Die Paramythie, das Herders
Eigenste, was seine dichterische Gestaltungskraft hervorbrachte, Paramythien.
ist eng verwandt mit der von ihm so sehr gelobten rabbinischen
Kunst des sinnvollen Einkleidens neuer Gedanken in alte Form,
eine Kunst, in der sein Lehrer Hamann Meister war. Hamann
verdankt Herder auch die fortwährende Berücksichtigung der
Namengebung, auf der seine Sprachtheorie ruht. Genug, welchen
Ursprung immer dieses Interesse an Ausdeutung und Klangspiel,
das zugleich Sinnspiel ist, haben mag, Herder hat auch auf diesen
Erregungspunkt des Reims hingedeutet.

Vereinzelte Äusserungen über den Reim finden wir noch
oft bei ihm. So in der Preisschrift „Über die Wirkung der
Dichtkunst auf die Sitten der Völker in alten und neuen
Zeiten" (1778), wo es heisst: „Der Reim ist eine schöne Sache, Reim im
wo er ungezwungen da ist; er stutzt, wie ein deutscher Dichter Lehrgedicht.
sagt, und hebt die Phantasei — und leimt die Rede in's Ge-
dächtniss; indessen ist's eben auch so gewiss, dass, wenn keine
andere Seele, kein höherer Geist weckt, der Reim einschläfert und
mit süssem Geklingel sanft betäubet. Wird das Gemüth mit sogenannten Saamenkörnern der Tugend überhäuft und gleichsam zu
dick besäet, so kann nichts aufgehen, zumal ja alles allgemein ist

---

[1]) So VI, 31, XII, 131 i (Parall.: Wortspiel), 136 o, 137, 170, 185, 186 (Sim-
sons Rätsel: „Alle diese Sprüche sind im Original Parallelismus oder gar Reim"),
192—198, 237 n. Anders freilich wird es in der Kalligone zitirt, scharf und
verächtlich gegen Kant und seine Schule. XXII, 91, 138, 162, 166, 168, 218 ff.;
XXIII, 245, Adrastea, wird von dem Spruchreichtum aller alten Poesie gesprochen und XXV, 82. Alte Volkslieder, heisst es, wohl mit Beziehung auf
den Orient: „jenes scharfsinnige, witzige Volk giebt Rätsel auf, macht feine
Gleichnisse und Wortspiele."

[2]) Haym II, 326. Interessant wäre es, wenn Schillers Ausdeutung des
Gürtels der Venus auf das rabbinische Ausdeuten der Bibel indirekt zurückginge.

und nichts seine rechte Stelle findet. Merkt man's nun noch dem
Dichter an, dass er Dichter ist, als Nachtigall sang und als Versi-
fikateur oder artiger moralischer Schriftsteller schrieb, so liest
man ihn auch als solchen, höret der Nachtigall als Nachtigall zu,
lässt ihr seinen Dank wiederfahren und geht nach Hause". Und
nun klagt Herder weiter, wie die moralischen Dichter eben dadurch, dass sie immer zeigten, es sei ihnen ums Lob zu tun und
um unsere Ergötzlichkeit, mit einer Hand auslöschten, was sie mit
der anderen schreiben. „Und bei wie vielen Dichtern, Reimern,
Einkleidern und Romanschriftstellern insonderheit ist gerade das
der Fall" [1])!

Die Stelle ist darum wichtig, weil sie uns Herders häufiges
verächtliches Urteil über das „Reimgeklingel" erklärt. Der Lehr-
dichter Herder [2]) ist es, den das Überwuchern des Inhalts durch
üppige Formranken im Lehrgedicht entrüstet.

Die Spitze dieses Urteils ist gegen Pope gerichtet. Das geht
aus der dem Absatz unmittelbar vorausgehenden Stelle, die von
Pope und Addison handelt, hervor. Aber wir könnten es auch
sonst wissen. Er sagt in den Humanitätsbriefen in Bf. 98: „Die
Popische Muse geht Zwangvoll und gebrechlich, oft sogar unedel
daher, über- und über bedeckt mit einem Geklingel von Reimen" [3]).
Pope kommt hier bei einem Vergleich mit Horaz schlecht weg,
aber es wird ihm zugestanden, dass er in seiner unsangbaren
Sprache alle schönen Sentenzen, philosophische Grundsätze und
Lebensregeln aufs kürzeste und zierlichste in Reime brachte und
schwerlich darin übertroffen werden würde; er reimte philosophische
„Systeme so gut er konnte und hat sie fast durchgehends vortrefflich gereimet. Auch Charaktere reimte er meistens in Gegensätzen, scharf und schneidend, insonderheit wo der Affect ihm die
Feder schärfte; also dass Pope's Gedichte für eine gereimte Blüten-
sammlung aller Moral, auch vieler Weltkänntnis und Weltklug-

---

[1]) VIII, 421 f. Die Stelle „er stützt — Gedächtnis" ist nach der Anmerkung
Redlichs VIII, 673 schon von Hamann in den Kreuzzügen eines Philologen zitirt.
1762. Der Ausspruch stammt von L. H. v. Nicolay. Das Zitat findet sich bei
Herder noch XVIII, 43.

[2]) Haym I, 160.

[3]) XVIII, 106.

heit dienen können. Höher hinaus aber reichte sein Genius nicht" [1]).

Es ist der R e i m e r Pope, der da immer in den Vordergrund gestellt wird und der Herder solchen Widerwillen einflösst. „Pope heisst seinen Landsleuten ein „Fürst des Reims", „der grosse Vernunftdichter"; beider, insonderheit des ersten Namens ist er wert. Ü b e r r e i m t hat er in seiner Sprache alle seine Vorgänger, den Dryden selbst; den Homer hat er v e r r e i m e t. Auch Vernunftsprüche, Geschmacks- und Verstandesbemerkungen, feine Sittenlehren und Charakterzüge lassen sich schwerlich in kürzere Worte und Reime fassen, als Er es that; man könnte sagen, er habe alle wohlklingenden Worte seiner Sprache eingereimet" [2]). „In allen diesem dachte Swift vester! Gegen ihn, den Vernunftmann, war Pope doch nur ein Vernunftreimer" [3]).

Man beachte den Grimm, der sich hier im Wortspiel Luft macht! Im Abschnitt „Lehrgedicht" wendet er sich wieder gegen Pope und Boileau. Wenn dem Lehrgedicht die innere Anordnung und Fortleitung der Gedanken fehlt, dann „werden die gereimten Sentenzen eine Heerde, die in Gruppen weidet; ihre Glocken klingen durcheinander; und meistens springen Böckchen hie und da hervor" [4]). „Tändelnder Reimer!" ruft er ihm wegen seines Briefes von Eloise an Abälard zu [5]), „Seit Pope ihn (Karl XII.) in seinen Reim brachte" [6]), ist nicht minder verächtlich, ebenso wenn er, bei Besprechung der Schallnachahmungen in seiner geliebten Tonkunst, Pope wieder heranzieht, der seine Verse seufzen, ächzen, glühen, stöhnen, schreien lässt. „Wir müssen", das ist wieder Herders Schluss, „ergriffen werden, vergessend des Mediums der Sprache und Töne." Aus „Bewegung des menschlichen Herzens entsprungen", muss die Musik „Bewegungen desselben Herzens zueilen" [7]). Aber er versucht dennoch Pope und Boileau gerecht zu werden und

Gegen Onomatopoesie.

---

[1]) XVIII, 105, Bf. z. Bef. d. Hum.
[2]) XXIII, 192, Adrastea.
[3]) XXIII. 194.
[4]) XXIII, 241.
[5]) XXIII. 281.
[6]) Ebendas. 415.
[7]) XXIII, 567, siehe auch Goethe, Brief an Zelter vom 6. März 1810, W, XXI, S. 204.

erkennt die unzweifelhaften Verdienste, die sie sich erworben haben,
gern an. Sie sind wirklich die sprechende Vernunft und Moral
in Reimen, „in der Stellung und Wahl der Worte, im Accent,
oft im Reim, liegt das Scharfe oder das Gefällige des Stachels,
der Pointe" [1]). Und ein andermal sagt er sogar: „Unsrer seligen
poetischen Zeit wäre ein Pope, ein Boileau wohl zu wünschen.
Nicht etwa nur des Fleisses in der Sprache und Verskunst halben,
der mit dem abgekommenen Reim hie und da selten worden
ist" [2]). Es ist auch die Sprache selbst, die er des Reims nicht
fähig hält. „Unsere Sprache gebietet gleichsam Form, mehr als
irgend eine andere; die Französische, die Englische Sprache sind,
mit ihr verglichen, in der Poesie Formlos: denn nur Willkühr und
Übereinkunft hat bei ihnen hier diese Art des Reims, dort jene
Regel des Geschmacks festgestellt, die der Sprache selbst nach
unbestimmt waren. Unsre Sprache strebt der schwersten, zugleich
aber auch der schönsten und bestimmtesten Form nach, der Form
der Alten" [3]).

Ähnlich „denn weder in Englischen Reimen noch in den
Versi Toscani hört man die Stimme jener weiten Römischen Brust,
die wie eine Tuba tönet. Unsere Sprache allein tönet ihr nach" [4]).
So hält er zwar wirklich die deutsche Sprache für fähig, die Silbenmasse der Alten nachzuahmen; ausser den angeführten Stellen
sehen wir dies z. B. noch aus seinem Urteil über Klopstock: „Als
ich erschien" spricht freundlich-bescheiden seine heilige Muse, „als
ich erschien, klimpertet ihr auf einem hölzernen Hackbrett von
Alexandrinern, gereimten Jamben, Trochäen, allenfalls Daktylen,
wohlmeinend, treufleissig und unermesslich; ich kam und liess aus
meiner Region euch neue Sylbenmaasse ertönen" [5]); aber es ist doch
immer speziell der neu-englische und französische Reim, der ihm
so willkürlich, so unorganisch vorkommt. „Denn was gleicht dem
Stolz dieses Handels-Volkes auf die Grimaces, Faces und Graces,
auf die pleasure's, measure's und treasure's seiner gereimten Verse"?

---

[1]) XXIII, 242.
[2]) XXIII, 246.
[3]) XVIII, 122.
[4]) XXIV, 224.
[5]) XXIV, 220, siehe auch XXVII, 172, Terpsichore.

sagt er im Aufsatz „Homer und Ossian" [1]). Die englischen Reime
erscheinen ihm eintönig [2]), es klingt immer verächtlich, wenn er
von englischen Reimen spricht, wie bei Erwähnung der Form von
Mandevilles Bienenfabel [3]); nicht besser ergeht es den allerdings
ungleich seltener zitirten französischen Reimen, so bei Beschreibung
eines Besuches bei Götz, den Friedrich II. bekanntlich wegen seiner
„Mädcheninsel" gelobt hatte: „Er (F. II.) [4]), den man nur zu dem
französischen Reim verwöhnt glaubte". Dass Jones bei seinen
Übersetzungen aus dem Indischen sich der verhassten englischen
Reime bediente, kränkt ihn tief. „Ihm ward die Sakontala, eine
Blume des Paradieses, gebracht; und er verpflanzte sie zwanglos
schön; o hätte er alles Indische so übersetzt, und sich der elenden
Englischen Reimkunst entladen!" [5]) ruft er aus, und weiter in einer
Vorrede zu Georg Forsters Sakontala: „So ist wohl auch niemand,
der sich nicht, aus W. Jones Englischen Reimen hinweg, jede
Indische Erzählung, jeden Indischen Hymnus in die einfachste Prose
wünschte: denn, nach einem Gleichniss aus der Sakontala selbst,
passt sich die Englische Reimkunst zur Indischen Dichtung, wie
zehrend-brennendes Wasser auf die zarte Mallika-Blume, die es
(wie die Engländer die Hindu's selbst) sengt und zerstört" [6]).

Dass aber Herder den Reim auch zu schätzen wusste, sehen Der Reim an
rechter Stelle.
wir aus Stellen wie: „Insonderheit haben unsere gereimten Jamben
das Ohr der Deutschen so verderbet", er sage dies, trotzdem er
den Jambus, sowie den Reim an Ort und Stelle liebe und ehre [7]).
Und was er unter Ort und Stelle versteht, zeigt uns ein Angriff
auf die rasselnden und prasselnden, sausenden und brausenden
Nacheiferer der Brittischen Bedlamssänger, nach welchem er also
fortfährt: „Denn ohne die Zahllos anmutigen Spiele zu verfolgen,
in welchen Provenzalen, Castilier, Italiener sich am Reim ergötzten
(des Namens rimas selbst als Titels seiner Werke schämt sich

---

[1]) XVIII, 452.
[2]) XX, 380, Rezension von Armstrongs Lehrgedicht „Die Kunst immer ge-
sund zu sein."
[3]) XXIV, 103.
[4]) XXIV, 261.
[5]) XXIV, 360.
[6]) XXIV, 579.
[7]) XXVII, 279 u. 280, Anm., Terpsichore.

kein Dichter), wer weiss nicht, dass eben an ihm die Süssigkeit
der sogenannten Minnesinger, wie in Blumenkelchen sich erzeige?
Gedanken und Empfindungen wiederholen sich in ihnen oft und
für uns zu oft; die Sprache der Anmuth, vorzüglich die Reime,
machen ihre Blüten neu und schön". Und nun der Nachweis, dass
die poetische Kunst, als sie zur Meistersingerei hinabsank, sich
noch an schönen Weisen und Sylbenmassen erhielt (!), sich an
ihnen wieder aufrichtete, und was half ihnen dazu als die Kunst
der Trubadoren? Dann ein Lob Gleims und Gerstenbergs, in dessen
Tändeleien, „wie ein anmutiger Bach, der Reim Blumen-
stücke des Adonis durchspület" [1]). Gewiss mehr kann auch
der begeistertste Anhänger des Reimes von Herder nicht verlangen!

Und dass Herder ältere englische Reime glimpflicher behandelt, zeigt die Stelle im Aufsatze „Von Ähnlichkeit der
mittleren Englischen und Deutschen Dichtkunst", in „Alte Volkslieder II", „dass der ganze Wurf der Ballade in Absicht auf Reime,
Wendungen, Lieblingsworte, Flickworte, Sylbenmasse bei Eng-
ländern und Deutschen Eins sey — können auch nur die folgenden
Stücke zeigen" [2]). Darum erwähnt er auch das Vorkommen des
Reims bei Shakespeare als Schönheit, so Mids. N. Dr. A. I, Sc. 2:
„Oder es komme noch Romantischer zu süssen Tändelreimen" [3]),
oder dann Ms. N. Dr. A. II, Sc. 2: „Ich könnte die ganze Folge
des Reimgesprächs zwischen Hermia und Helene geben, da es doch
einmal Shakespeares Lieblingsgriff war, die liebste Liebe ja nicht
ohne Reim zu lassen" [4]).

Wir haben gesehen, dass Herder den Reim an seinem rechten
Orte auch liebte, ihn fürs Trauerspiel vorzuschlagen hätte wohl
niemand wagen dürfen, ohne seiner heftigen Einrede zu begegnen.
Es ist daher kein Wunder, wenn er sich in der Kalligone, wo er
sich, wie in der Metakritik, in jedes Wort, das Kant gebrauct,
förmlich verbiss, ganz entrüstet gegen ihn wendet, weil er in
seiner Definition der schönen Künste unglücklicherweise gesagt

---

[1]) XXIV, 254.
[2]) XXV, 66.
[3]) XXV, 41.
[4]) XXV, 42.

hatte, „auch kann die Darstellung des Erhabenen, sofern sie zur schönen Kunst gehört, in einem gereimten Trauerspiele ... sich mit der Schönheit vereinigen" etc. „Wer erröthet nicht, indem er dies lieset?" ruft Herder entrüstet aus, „das Trauerspiel, in dem sich das Erhabene mit dem Schönen verbindet, muss ,gereimt sein? Wahrscheinlich in Alexandrinern; sonst wäre es nicht erhaben?" Dass Herder hier ohne Weiteres das „kann" in ein „muss" ändert, gehört zum Stil und zur unbewussten Taktik dieser Streitschrift [1]).

Es ist besonders das Inhaltlose des blossen Schellengeklingels, was ihn stört. So greift er die Operntexte an [2]), und lobt die gehaltvolleren Stellen der Zauberflöte [3]), spottet darüber, dass bei La Fontaine der Reim den Einleitungen und Digressionen ihr Curriculum vorzeichnet [4]), übersetzt Petrons „dicta papavero et sesamo sparsa" mit „Biesam Reime" [5]), lobt Hagedorn, Götz, Kleist und Gleim, weil sie mehr enthalten als den neuern Klingklang in Schellen und Reimen [6]), und erinnert uns lebhaft an einen frühern Ausfall gegen die „Faces und Graces" der Engländer, wenn er fürchtet, dass zuletzt im Gluthen und Fluthen, in Grüften, Lüften und Klüften der Teufel alles holet [7]). Wer verlangt auch von Herder, dass ihm das Treiben der fruchtbringenden Gesellschaft, die mit Namen, Bildern und Reimen als eine Hofmaskerade spielte, sollte gefallen haben [8])? Wer nähme es ihm übel, dass er die Neukirch, König und Besser verächtlich „Reimer" nennt [9])? Hätte auch ihm ein Lied genügen sollen, dessen einziges Verdienst es war, dass sein Verfasser die Silben in Reime zwingen konnte [10])? Ihm konnte doch der neue süssliche Gassenton nicht behagen, weil er einen Sack alter Reime ausschüttete [11])? „Schönes erleuchtetes

---

[1]) XXII, 193.
[2]) XXIII, 337—41, wo sich eine feine Parodie trivialer Reimereien findet.
[3]) XXIII, 345.
[4]) XXIII, 257.
[5]) XXIII, 343.
[6]) XXIV, 209.
[7]) XXIV, 267.
[8]) XXIV, 381.
[9]) XXIV, 367.
[10]) XXXI, 719.
[11]) XXV, 12.

Jahrhundert ohne Kräfteerregung, Inhalt, Sache und That, voll
schöner Worte, lieblicher Wendungen, aufgezählter Reime und
herrlichkünstlicher Musikstanzen!" ruft er aus [1]). Cramers Oden,
die ein „Geklingel von Reimen" waren [2]), auch wir würden sie
wie jenes Ungetüm einer horazischen Ode mit hinkenden Reimen,
das er uns im dritten Litteraturfragment beschreibt, voll Abscheu
von uns weisen [3]), und wenn er dort Rammlerschen Reimkünsten
sein Lob spendet, so werden wir zwar zweifelnd das Haupt schüt-
teln, aber nicht vergessen, zu welcher Zeit, in welchem Alter
diese Fragmente geschrieben sind [4]). Wir verzeihen Herder seine
Abneigung gegen französische Reimlein [5]) und glauben es ihm gerne,
wenn er behauptet, „Denis gelingen nicht Reime" [6]).

Mit Recht setzt Herder immer die äussere Form hinter den
innern Wert zurück. Und wie sehr muss ihm die deutsche Litteratur dafür danken, dass er sich um die Lieder des Volkes be-
kümmerte, „auf Strassen und Gassen und Fischmärkten, im ungelehrten Rundgesange des Landvolks, um Lieder, die oft nicht
scandirt und oft schlecht gereimt sind" [7]). „Neckereien über einige
Provinzialreime, z. B. Reime zwischen d und t, kleine Fehler im
Sylbenbau u. s. f. mögen unsern criticis grammaticis atque prosodicis
überlassen bleiben", sagt er in seiner Rezension der Gedichte
Sophie Mereaus [8]). Er wehrt sich dagegen, einen Gesang im Ge-
sangbuch um etlicher schlechter Reime willen fast unkenntlich
gemacht zu sehen [9]). Von Niklas Hermann sagt er in den alten
Volksliedern: „Nicht blos seine geistlichen Lieder, deren wir einige
sehr rührende in unseren Gesangbüchern hatten (ich sage hatten,
denn jetzt wird alles nach Gottscheds Reim und Redekunst neu-
geschaffen und travestirt), auch was er sonst über die Evangelien,
z. E. für Kinder nur im Reim gezwungen hat, hat alles Klang,

---

[1]) XXV, 12.
[2]) I, 169.
[3]) I, 451.
[4]) I, 459, 463, V, 288.
[5]) V, 170.
[6]) V, 328.
[7]) V, 189.
[8]) XX, 366.
[9]) XXXI, 717.

wie eines Engels aus den Lüften" [1]). Er verspottet im Verzeichnis zum zweiten Buch der alten Volkslieder bei „Wilhelm und Margreth" das Bedürfnis nach „züchtigen, niedlichen Reimen" [2]).

Alle diese Aeusserungen, bei den verschiedensten Gelegenheiten, zu den verschiedensten Zeiten getan, lassen uns klar und deutlich erkennen: Herder war ein Feind des Überwucherns geistigen Inhalts durch die Form, ein Feind blosser Schallnachahmungen; aber er liebte den Reim, wenn er dem Inhalt keinen Zwang anthat. Lieber sah er es, wenn der Reim unrein, voll Provinzialismen war, als wenn er dem Gedichte seinen Inhalt vorschrieb. (Also auch schon bei Herder Beobachtung dieser Beeinflussung.) Am tiefsten traf es ihn, wenn im Lehrgedicht der Reim den Inhalt übertönte; hier fürchtete er auch noch Ablenkung der Aufmerksamkeit durch die Nachtigalltöne des Reims. Und nun besonders in der neuenglischen und neufranzösischen Poesie, wo ihm der Reim viel willkürlicher, viel unorganischer erschien, als im Deutschen und ältern Englischen! Da war ihm noch vor allem die Schallnachahmung der Engländer verhasst, und er verfolgte ihren Einfluss in Deutschland ganz grimmig.

Es lässt sich aber nicht leugnen, dass Herder, obwohl kein Gegner, sondern ein Freund des Reims an richtiger Stelle — er hat dies ja in seiner eigenen dichterischen Tätigkeit bewiesen — die deutsche Sprache berufen glaubte, antike Formen nachzuahmen, die er überhaupt für die bestimmtesten Formen hielt. Aber, könnte man hier einwenden, die Stellen, wo sich Herder so ausspricht, sind meist zum Lobe Klopstocks, die eine unmittelbar unter dem Eindruck seines Todes, wie er selbst sagt, geschrieben. Nun, ausser der eigenen Praxis Herders, der als Übersetzer der Alten von Reimversen zu ihren eigenen Maassen überging, spricht noch anderes für unsere Meinung.

In der siebenten Sammlung der Humanitätsbriefe, bei Schilderung des Entstehens einer kirchlichen Poesie auf den Trümmern klassischer Dichtung, bringt er die Fortschritte, die der Reim machte, mit dem Verfall des Sprachgefühls, mit dem Aufgeben

---

[1]) XXV, 123.
[2]) XXV, 302.

der alten Metren und der Aufnahme der Silbenzählung in Zusammenhang.

Dabei teilt er seinem Liebling, der Musik, eine gewaltige
Rolle zu. Wir erinnern uns ja, dass er auch in der hebräischen
Poesie den Reim durch ihre Vermittlung entstehen liess. Bei den
Griechen war die Musik dienend gewesen, jetzt wird sie herrschend,
die im Silbenmass gebrechliche Poesie dient. „Die jetzt herrschende
Musik, die gleichsam von einem unermesslichen Chor in den Wolken
getragen wird, musste nothwendig, früher oder später, für sich
selbst ein Gebäude der Harmonie ausbilden" [1]. Dieses selbständige Gebäude ersetzt den Rhythmus der Sprache, der nun
ganz verloren geht. „Ohne Quantität der Sylben brachte man
also Reime und Assonanzen in's Spiel" [2]. Und weiter fährt er
fort: „Endlich da der Rhythmus der Griechen verloren ist und
sich der poetische Genius hier ungebildeten, mit dem Römischen
Volksdialect vermischten Sprachen mittheilen soll, so werden in
dieser Verwirrung ohne Sylbenmaasse der Alten sich ohne Zweifel
rohere Volksgesänge nach dem Modell der Mönchspoesie formen.
Was das innere Maas und Gewicht der Sylben nicht thun kann,
wird der Reim ersetzen sollen, mit dem von jeher das Ohr
und die Zunge des Volkes spielte. Poesie wird also eine gereimte Prose in Versperioden werden, deren Abwechslung und
Rundung etwa auch ein unwissendes Ohr verfolgen kann; dagegen
die Musik, vom Bau der Sylben getrennt, in ihrer eigenen Region
ihr Werk treibet" [3].

Also Organisation des Reims durch die kirchliche Musik, Einfluss der gereimten Kirchenpoesie auf den Volksgesang, in dem
entweder der Reim schon vorhanden war, oder aber die Elemente
dazu, das ist die Erklärung, die Herder uns für die Entstehung
des Reims gibt. Es ist, als habe er die Grimm-Wackernagelsche
Streitfrage um den Reim bei Otfried vermittelnd lösen wollen.
Der antiken Poesie aber singt er einen wehmütigen Scheidegesang
voll harmonischen Wohllauts: „Mit diesem dies irae, dies illa
haben Sie mir eine schöne Welt zu Grabe geläutet; die Welt der

---

[1] XVIII, 18.
[2] XVIII, 19.
[3] XVIII, 29.

Erscheinungen des Alterthums in ihren bestimmten lieblichen Formen, in ihren bedeutenden Gebehrden, in ihren gleichsam organisirten Tönen. Sie wird nicht wieder kommen auf unserer Erde, so wenig uns unsere Jugend zurückkommmt" [1].

Im 84. Briefe wendet sich Herder der altdeutschen Poesie zu. *Alliteration.* Aus der Stammesbetonung und dem allmäligen Schwinden der Flexion, dem eine dunkle Aussprache der Endsilben vorangegangen sein müsse, erklärt er die Alliteration, die um nichts unnatürlicher als der Reim sei. Bis jetzt mehr angestaunt als erklärt, sei der natürliche Grund der Alliteration im Bau der Sprache selbst, dem Genius des Volkes und der Art, wie man die Worte antönte, zu suchen. Den Alten sei jede Art des Reimes, auch der gleiche Anklang also, ein Übelklang gewesen, den sie zu vermeiden suchten, und auch für ein besseres südliches Klima habe der rauhe nordische Silbentritt nicht getaugt. Die spanischen Romanzen hätten ihre rauhen Maasse, die noch von gotischen Kriegsliedern stammen, darum fallen lassen. [2]

In der fünften Sammlung „Zerstreute Blätter" hatte Herder sich schon über die Verwandtschaft der altdeutschen und altnordischen Maasse ausgesprochen (1793). Er wollte aus den ältesten christlichen Versuchen auf das, was vorher da war und doch hie und da zum Muster dienen musste, schliessen. Der kurze 4hebige Vers scheint ihm der deutschnordische; mit den einsilbigen Wurzeln der deutschen Sprache, mit dem einsilbigen biedern Charakter der Nation stimme er besser zusammen als die längern Masse, die später aus dem Lateinischen eingedrungen zu sein scheinen. „Reine Reime also und eine Scansion nach unserer Weise in diesen uralten Gedichten suchen zu wollen, wäre ganz ausser Stelle und Ort, da wir Einerseits die damalige Aussprache vieler dem Otfried noch fast unschreibbarer Worte nicht wissen, Anderseits die Poesie der Nordländer, den Skaldengesängen zu Folge, auf einem freieren Wege der Assonanz, des Zusammentreffens der Töne einen rauhen Wohlklang suchte" [3].

---

[1] XVIII, 25.
[2] XVIII, 31 und Anmerkung.
[3] XVI, 193 ff.

Unter diesem freieren Wege der Assonanz verstand Herder offenbar die Alliteration. Er spricht ja auch bei Otfried von den „ältesten Versuchen, die deutsche Sprache Vers- oder Reimbar zu machen", ist also der Ansicht, dass die Deutschen in vorchristlicher Zeit auch Anreim gehabt hätten und diesen erst zu Otfrieds Zeiten gegen den Reim vertauschten.

Vokalwechsel
durch Alliteration bedingt. Später nennt er einmal die Verse der Edda „Ordnerinnen des Klanges", weil sie die Aufeinanderfolge der Vokale ordneten [1]. Es ist nicht klar, ob Herder hier die Alliteration im Auge hat, trotzdem an etwas anderes kaum zu denken ist. Reim und Mass tritt bei Herder immer als das Ordnende, Organisirende auf. Wahrscheinlich ist hier vom Vokalwechsel, der bei gleichem Anlaut und Einsilbigkeit naturgemäss eintreten muss, die Rede [2].

„In männlichem Tritt und Takt sind ihre Anklänge, in welchem Sylbenmaass denn auch, wie die alten Melodieen zeigen, zwei Zeilen zusammengehören. Unter dem nordischen Klima ist's natürlich, dass, wie das Bardit scharf an die Schilde stiess und die Skalden in zwei Zeilen drei ähnliche Anklänge (Alliterationen) statt des Reims liebten, alles hier mehr auf An- als Ausklang geübt werde, mehr auf andringende Macht, als auf süssverschmelzende Liebe" [3]. Dem entspreche auch der Charakter dieser Dichtungen.

Aus Herders ganzer Charakteristik der Alliteration aber geht hervor, dass er sie für eine wurzelechte, mit dem Bau der Sprache und den kurzen, wortkargen, rasch zur Tat übergehenden Kriegsgesängen der alten Deutschen und Nordländer innig zusammenhängende Entsprechung des Reims hielt. Hier geradeso wie beim Parallelismus sehen wir, wie er mit scharfem Blick überall das erkennt, was, der gleichen Wurzel entsprossen, unter veränderten Bedingungen in anderem Klima, zu anderer Zeit ganz andere Formen zeigt. Was Herder wohl zu unorganisch modernen Erscheinungen, was er wohl zu Jordans breit einherplätscherndem Vers und dessen sonderbar verzwittertem Inhalt gesagt hätte!

---

[1] XVIII, 498.

[2] Siehe Hildebrand, Zft. f. dtsch. Lt. V, 577 ff. „Zum Wesen des Reims, auch des Stabreims".

[3] XXIV, 263.

Indem Herder die Alliteration als etwas innig mit dem Geist und der Sprache der Germanen verwachsenes und zugleich als Entsprechung des Reims charakterisirt, hatte er, wie an vielen anderen schon vorher zitirten Stellen, stillschweigend Polygenesis des Reimes zugestanden. Er tut dies aber, im weiteren Verlauf seiner Ausführungen in den Humanitätsbriefen, endlich einmal ganz deutlich und ausdrücklich. Dass man soviel darüber gestritten, ihn bei Nordländern und Arabern, bei Mönchen, Griechen und Römern gesucht, dünkt ihm unnötige Mühe. „Man könnte über ihn das bekannte Kinderspiel mit dem Motto: „alles was reimen kann, reimt“, spielen. Mönche reimen, Otfried reimte, die Araber reimen, Mahomed im Koran, der Engel Gabriel reimt; der alte Lamech vor der Sündfluth reimte. Aber Griechen und Römer in ihren schönsten Zeiten vermieden die Reime und suchten einen fortgehenden höheren Wohlklang“ [1]. Und nun führt er aus, Griechen und Römer hätten die Araber nicht nachahmen können, sie hätten eine ihnen, ihrer Zeit, ihrer Sprache gemässe Poesie finden müssen und mussten reimen, weil sie ihrer Zeit und Sprache nach nichts anderes konnten. Sie kannten keine Quantität, sondern akzentuirten, mussten ihre Verse zur artigen, verständigen Deklamation einrichten, und darum reimen. So entstand Spiel, amüsirende Hofmannskunst in gereimten Formen.

Doch gleich im nächsten Brief spricht Herder eine ganz andere Meinung aus. Die ganze Denkungsart und Dichtung der Provenzalen will er nun von den Arabern ableiten und damit auch den Reim, er wird also seiner früher so standhaft behaupteten Ansicht von der Polygenesis des Reims untreu. Bald lernen wir auch die Ursache dieser plötzlichen Wandlung kennen. Er folgt hier der Autorität des gelehrten Reiske, den er bei Besprechung derselben Frage auch in der Adrastea vom Jahre 1803 zitirt [2]. Der Witz bei den Arabern, ihre Liebe zu Fragen und Antworten, alles muss jetzt herhalten, um diese neue Ansicht zu verteidigen, und wenn es früher geheissen hatte, die Provenzalen hätten reimen müssen,

---

[1] XVIII, 36.
[2] XXIV, 250 ff.; ebd. 395 vergleicht er sogar die Araber mit den Deutschen. XXX, 516, in den hodegetischen Abendvorträgen an seinen Sohn, nimmt er ebenfalls an, die Provenzalen hätten das Dichten von den Arabern gelernt.

weil ihre Sprache eine akzentuirende war, so wird jetzt dasselbe
einfach von den Arabern gesagt[1]).

Einen Kompromiss sucht der folgende 86. Brief zu schliessen,
der den Reim verteidigen will. Denn erstens sollen ihn nun wieder
die Mönche in Kirchenliedern gebraucht haben, ohne ihn von den
Arabern gelernt zu haben. „Sie wussten, was für's Volk gehöre.
Zuletzt ward er insonderheit in den lateinischen Liebesgesängen
so überfliessend gebraucht, als ihn wohl kein Araber gebraucht
hat". Zweitens sollen nun auch Denksprüche von jeher und ohne
fremden Einfluss gereimt gewesen sein: „sie tragen im Reim das
Siegel der ewigen Wahrheit. Von Anfange der Welt an hat man
Räthsel und Denksprüche gereimet"[2]). Und ebenso seien lebhafte
Antworten für den Reim, nicht nur bei den Arabern, sondern
auch bei andern Völkern. Herder verweist hier auf das französische Theater, erklärt sich also für die Reimbrechung, Verteilung
des Reims unter 2 Personen im Dialog[3]).

Bleibt den Arabern, denen dieser Brief[4]) beinahe alles nimmt,
was der vorige ihnen gegeben hat, nur der Einfluss auf die Kon-
versationspoesie. Und nun eine Apologie des Reims. Der eine
trommelt mit dem Reim seine Gedanken, der andere seine Bilder
zusammen. Was thäten die Engländer, was die Franzosen, wenn
man ihnen den Reim nähme! Letztere lässt er noch in Aussprüchen
Prevots, Fenelons und Voltaires selber zu Wort kommen und
den Reim loben. „Ungereimt[5]) ist uns, was sich nicht reimet",
ruft der Verfasser scherzhaft zum Schluss[6]).

In der Nachschrift wird dann ausgeführt, wie bei den Griechen
Poesie und Sprache von jeher eins gewesen sei. Anders bei den

---

[1]) XVIII, 39.

[2]) XVIII, 42 ff. Siehe Simons Rätsel XII, 86 (S. 10, Anm. 2 dieser Arbeit).

[3]) XVIII, 43.

[4]) Haym II, 632 sagt, es seien in diesem Exkurs zu Gunsten des Reimes
Äusserungen Hamanns herbeigezogen worden. Es ist wahrscheinlich jene in
VIII, 421 vorkommende Stelle aus L. H. v. Nicolay, die auch in Hamanns
Kreuzzügen eines Philologen steht, welche diese Ansicht veranlasste. Siehe auch
pag. 14. Anm. 1 dieser Arbeit.

[5]) Das Wort „Ungereimt" bei Herder sehr häufig: z. B. XXIII. 567;
XXIV, 105, 190, 568; XXXI, 611; X, 171 („gereimtem oder ungereimtem Raison-
nement" also eine gewohnte Verbindung in H's Stil.); XI, 176, 417 u. s. w.

[6]) XVIII, 45.

Provenzalen, wo die Prosa durch die Reime veredelt wurde. Daher, weil die Provinzialpoesie bloss unterhaltend sein wollte, wurde Gedankenfreiheit ihr Ziel. Dadurch entstand dort die erste Reformation. „Sind wir den Provenzalen und ihren Erweckern, den Arabern, nicht viel schuldig?" Damit schliesst die Nachschrift, die die erste Reformation und den Reim zugleich von den Arabern ableitet. Wir haben nun die Wahl, welche der hier ausgesprochenen Ansichten wir für die eigentlich Herder'sche halten sollen. Bei vielen Gelegenheiten konnten wir jetzt seine Stimme zu Gunsten der Polygenesis des Reims vernehmen; alle Völker besitzen Entsprechungen: Orient den Parallelismus, die Germanen die Alliteration, Griechen und Römer mussten sich seiner erwehren; das sind seine Ansichten, die wir immer auf's neue vernahmen. Und hier, so wenig die „Briefe zur Beförderung der Humanität" sonst auch von Briefen haben mögen, ein Schwanken zwischen zwei Meinungen, das vielleicht nach Lessing'schem Muster die Wahrheit ans Licht bringen soll! Aber wenn in solchen Fällen bei Lessing die Gegensätze zwei gewandten Fechtern gleichen, die zur Freude des Lesers oder Hörers ihre Waffen scharf und klar im Sonnenlicht der Vernunft blitzen lassen, ist bei Herder ein buntes, unbestimmtes Schillern das Resultat. Wir können höchstens sagen, dass er weder seine Meinung, noch diejenige Reiskes unterdrücken, auch sich nicht den Sieg stehlen wollte, indem er mit seiner Ansicht abschloss.

Die folgenden Briefe enthalten noch manches feine Wort über den Reim bei verschiedenen Nationen, innig verwoben in jene schönen Charakteristiken, die Haym den Ausspruch tun liessen, hier könne man lernen, wie man Litteraturgeschichte zu schreiben habe [1]). Es wäre nutzlos für unsre Zwecke, einzelne Fäden herauszurupfen, möge dieser Hinweis nochmals auf jene Stellen aufmerksam machen [2]). So oft man sie liest, man erfreut sich immer wieder an den zarten und liebevollen Bestimmungen des besten Botanikers im Zaubergarten der Poesie.

Versuchen wir es im kurzen, die Resultate aller dieser zerstreuten Bemerkungen, die Herder in so verschiedenen Lebensepochen gemacht hat, zu geben.

---

[1]) Haym II, 634.
[2]) XVIII, 48—52, 59, 72; XXIV, 272.

Auf Grund seiner Gedanken über das sensorium commune
und die Symmetrie hat er den Reim als eine der Erscheinungen,
die auf dem allgemein menschlichen, tief in der Natur begründeten
Gefühl für Symmetrie wurzeln, erkannt und auch die Entsprechungen in den verschiedensten Künsten gefunden. Die zweiteiligen
Metren der Alten, der durch die Cäsur in zwei gleiche Hälften
geteilte Alexandriner und der Parallelismus sind ihm gleichmässig
Aeusserungen desselben Gefühls. Er hat dann den gedächtnis-
technischen Wert dieser Spracherscheinungen konstatiert, hat
aber auch noch auf einen dritten Erregungspunkt des Reimes, auf
das Wortspiel, aufmerksam gemacht. Und auch die Musik kann
den Reim aus dem Parallelismus entstehen lassen, da ja die
Sprache ohnehin reich an Assonanzen ist. Hier setzt ein neuer
Faktor ein, es ist die Neigung der Sprache selbst zum Reim.
Dass der Parallelismus endlich stylistisch schon zum Reim
führt, hat er ebenfalls gesehen und lange vor Wackernagel und
Grimm gefunden. Die gleichförmigen Beugungen, die in den
parallelen Teilen in Beziehung zu einander gebracht werden,
werden zu Reimerregern[1]).

So lässt Herder den Reim nicht von einem Punkte aus entstehen, die verschiedensten Ursachen wirken, um ihn zu stande
zu bringen und mit den scheinbar fremdesten Erscheinungen
steht er in Verwandtschaft. Er passt sich dem Genius des Volkes
und dem Klima an, wie in der Alliteration, und bietet einen Beweis von der unermüdlichen Lebenskraft der Natur, die mit wenigen
Mitteln, mit den einfachsten, so verschiedenartige Wirkungen erzielt. Nicht umsonst war Goethes Aufsatz „Die Natur" in der
Hauptsache ein Ausdruck von Herders eigenster Theorie[2])!

Es ist einleuchtend, welchen Wert eine solche Behandlung,
wie die Herders, für die Interpretation bietet. Sie zeigt uns die
innige Verknüpfung und Wechselwirkung aller Erscheinungen,
bringt fortwährend Fluss, Handlung, Leben in die Masse des
Stoffes und indem sie alles von einander abhängig macht, über-

---

[1]) XI, 239. „Wenige Worte stiess der Hauch ihres Geistes hervor; diese
bezogen sich aufeinander, und weil die Sprache so einförmige Beugungen hat.
wurden sie einander ähnlich. machten sich durch ihren Schall, jedes Wort durch
seine Stelle und das Ganze durch die gleiche Empfindung selbst zum Rhythmus."
[2]) Haym II, 705.

zeugt sie uns tief von der Notwendigkeit und dem innern Zusammenhang aller Fehler und Vorzüge. Sie ist am schärfsten und
zugleich am gerechtesten und ersetzt durch Lebenswahrheit, was ihr
an Klarheit abgeht. Und wie dem Kunstwerk des Einzelnen wird
sie auch der Individualität ganzer Epochen, ganzer Völker gerecht.
Wer die Fehler seiner Zeit und seines Volkes teilt, teilt auch seine
Vorzüge, und nur derjenige verfällt dem herbsten Spott, der Un-
organisches hervorbringt.

Es ist kein Wunder, wenn es nicht immer möglich war, diese
vielen aus ihrem Zusammenhang gerissenen Felsstücke zu Bau-
steinen zuzuhauen und das zierliche Gebäude eines Herder'schen
Systems daraus zu errichten. Denn gerade das bildet ja den Vorzug der echten Interpretation, dass sie den kräftigen Geschmack
des Bodens trägt, auf dem sie gewachsen ist und es schwer wird,
abstrakte Formeln aus ihr herauszudestillieren. So aber, wie sie
uns hier blühte und Früchte trug, sei sie uns wie ein kräftiger
edler Weinstock, der auch uns, die wir denselben Berg bebauen,
mit seinem Trank begeistere und erquicke [1].

---

[1] Was die Assonanz anbetrifft, hat sie Herder zwar I, 209 in den Lit.
fragm. als Ersatz des Reims empfohlen, sie aber selbst nie, selbst nicht im
Cid gebraucht. Dagegen bekämpft er sie, als dem Geist der Sprache nicht gemäss, in der Adrastea, siehe XXIV, 250—254; nach Koberstein III, 253 und
Anm. 23, aus Hass gegen die Romantiker. Ich meine, er hätte es auch ganz
objektiv getan.

II. Karl Philipp Moritz.

Der Reim wird für den Leser eingeführt 30; — bestimmt Strophendauer.
Einklang der Silben entspricht dem Einklang der Begriffe. Der Reim
fasst zusammen, die Reimzeile ist ein einziges Wort 31; Schluss-
betrachtung 32.

Bevor wir nun zu Goethe übergehen, soll kurz auf das hingewiesen werden, was Goethes Freund und Berater in metrischen
Dingen, Karl Philipp Moritz, über den Reim in seinem „Versuch einer
deutschen Prosodie" (1786) zu sagen weiss. Wenn wir aber von dem
erbarmungslosen Selbstbeobachter, den wir aus dem „Anton Reiser"
kennen, wenn wir von dem Gründer des Magazins für Erfahrungs-
seelenlehre feine psychologische Ausführungen über die Entstehung
des Reims erwarten, so sind wir enttäuscht. Und doch ist Moritz
geeignet, ganz eigentümliche Eindrücke beim Klang gewisser
Wörter zu empfangen. Man erinnert sich aus dem Anton Reiser,
welche Wirkung der plattdeutsche Dialekt auf seine Nerven machte,
oder welche Vorstellungen der blosse Klang des Städtenamens
Hannover in ihm erweckte. Dieses feine Gefühl für derartige
Wirkungen, das sich ja auch sonst noch in seinen metrischen Untersuchungen äussert, der Hang zur peinlichen Selbstzergliederung
und jenes Bestreben, sich in andre Personen hineinzuempfinden,
das sich bei ihm zum ganz krankhaften Verlangen, die Welt durch
die Augen des Nächstbesten anzusehen, steigert, hätten sich ganz
gut verbinden können, Moritz zu einem feinen Beurteiler des Reims
zu machen, wenn er ihn überhaupt näher beobachtet hätte. Aber
er sieht in seiner Prosodie mit der Verachtung des Mannes, der
antike Maasse vor allem liebt, auf ihn hinunter.

Von einer psychologischen Erklärung der Entstehung des
Reims ist daher bei ihm gar nicht die Rede. Der Reim wurde
nach Moritz einfach eingeführt, als man nicht mehr sang und auch
für den Leser den Versschluss leicht markiren wollte. Er macht
das immer Wiederkehrende, auch ohne Gesang, dem Ohr hinlänglich fühlbar. Auch das Ohr, dem alle feineren Schönheiten ver-

Der Reim wurde
eingeführt.

loren gehen, erkennt ihn. **Er bestimmt die Dauer einer** Bestimmt die
Strophe bis zur folgenden [1]**).** Als dies einmal geschehen war, Dauer einer
Strophe.
bediente man sich allerdings der grössten Freiheiten und zählte
die Silben mehr als man sie mass, dies begünstigte die Stümperei,
besonders zur Zeit der Meistersinger. Später, bei einem höheren
Aufschwung der Poesie, behielt man den Reim bei, aber nur als
eine untergeordnete und sehr zufällige Schönheit des Verses. Er
musste ganz ungesucht sich von selber darzubieten und mit in
die Strophenfolge zu verflechten scheinen.

Übrigens sei der Reim der deutschen Sprache vielleicht angemessener, als irgend einer andern, „weil in ihr, wegen der bedeutenden Kraft ihrer Zusammensetzungen, der Einklang der Sylben
sehr häufig einen gewissen Einklang der Begriffe mit sich führt, Klang: Begriff.
der oft unmerklich bei dem Reim mit durchtönt [2]). Ein solcher Einklang der Begriffe findet z. B. statt in **engen** und **drängen,**
schneiden und **scheiden, eilen** und **weilen,** wo das **dr** in
drängen die Idee des Engens, wie das **n** in **schneiden** die Idee
des Scheidens verstärkt, das **w** in **weilen** aber den Flug der Eile
gleichsam zu haschen und aufzuhalten strebt. Doch dies ist immer
nur etwas Zufälliges, das ich auch für weiter nichts ausgeben
will." Wohl möge er aber vielleicht einen Gran mehr für die Bei-
behaltung des Reimes auf die Wagschale legen, da er keine Abwechslung biete, wie die metrischen Formen, alles auf den Wechsel
zwischen männlichen und weiblichen Reimen hinauslaufe, es keine
künstlichen Zusammenstellungen gebe, sondern jeder Reim, ohne
Verbindung mit dem übrigen, ein abgerissenes Ganzes ausmache.

Später aber erhebt er sich zu einer bedingten Verteidigung Der Reim fasst
des Reims. Sprachen, die kein bestimmtes Silbenmass haben, zusammen.
müssen sich an ihm halten, der Reim fasst alles zusammen. Er
zwingt uns, jedes Wort voll austönen zu lassen. Auch gebe es
künstliche Reimstellungen. Der Reim vermag, wie in Wielands
Oberon, eine grössere Anzahl von Stanzen zusammenzuhalten; Reimzeile =
er bildet eine ganze Zeile zu einem einzigen langsam und voll Wort.
austönenden Wort, welches sich an einem andern Worte misst
und ungeachtet der Entfernung an ihm anschliesst. Endlich

---

[1]) Moritz Versuch einer deutschen Prosodie. Berlin, 1786, S. 94 f.
[2]) Siehe das Kapitel Herder, pag. 11.

kann eine Zusammenstellung verschiedener Versarten im Grossen
durch den Reim bewirkt werden (zu Strophen). In Stanzen
sind die Reime die Stiften, welche das Ganze zusammenhalten.
Jeder Einklang fasst das Ganze, das er beschliesst, in sich und
überträgt den Eindruck auf das folgende Ganze, welches ebenso
wieder übertragen wird, „bis sich die volle Kraft des Ganzen
endlich in der Spitze des Verses oder in dem letzten Schlussfall
desselben, der auch wieder ein Einklang ist, zusammendrängt: und
dies ist es eben, worin das wahre Wesen der Stanzen, und ihre
natürliche Schönheit gegründet ist" [1]).

Sonderbar muss es uns scheinen, dass der Reim, der seiner
Entstehung nach erst von der Musik geweckt wurde, nach Moritz
gerade erst mit der geschriebenen, ungesungenen Lyrik „eingeführt" worden sein soll. Neu ist es, dass der Reim nun Einheiten
von einer gewissen Dauer markirt, wie es sonst die Füsse tun,
wo noch von einem Metrum die Rede ist; fein ist auch die Ausführung über das Reimen zusammengehöriger Begriffe und die Beschreibung der Wirkungen, die die nichtgemeinschaftlichen Laute
beim Reim ausüben [2]). Besonders wohltätig empfinden wir es,
dass Moritz selbst nicht übergrossen Wert auf seine Erfindungen
legt. Moritz ist auch einer der Ersten, die die bindende Kraft des
Reims in Betracht ziehen, wir ahnen, was es in seinen Ausführungen über die Stanzen sagen will, trotzdem es gerade nicht
sehr klar ist. Es ist fast ein Verhängnis, dass gerade das Problem
der Bindung zu Strophen durch den Reim philosophische und
späterhin bei den Romantikern mystische Deutungen heraufbe-
schworen hat, die das Verständnis mancher feinen Bemerkung unmöglich machen.

Im Ganzen scheiden wir von Moritz' Prosodie mit dem Ein-
druck, dass auch, wo er, wie hier beim Reim, nur leise an den
Baum der Theorie streifte, uns einige wohlgebildete Früchte in den
Schoss fallen.

---

[1]) Prosodie, 108 ff.

[2]) Man erinnert sich an Herders Definition des Wortspiels und an Hildebrands Ausführungen. Das Deutsche steht im Gegensatz zu den romanischen
Flexionsreimen.

III. Goethe im Divan.

Der Typus des Greisenhaften und der Begriff „Geist" 33. Der Reim stellt Beziehungen zwischen Begriffen her, die durch die Sprache gegeben sind 34—36. Freies Schalten mit Begriffen, Begriffsverbindung, Improvisation 36—38. Goethes Stil, auch er bezieht im Alter frei schaltend alles aufeinander, betrachtet Orient nach Analogie seiner selbst; leidenschaftliche Improvisation, Reimbrechung 39—40.

In seinen „Noten und Abhandlungen zu besserem Verständnis des West-östlichen Divans" treffen wir Goethe dort, von wo auch Herder ausgegangen war, im Orient. Nur dass Herder die Urzeit, die Kindertage des Menschengeschlechtes, uns vor die Seele führte, während Goethe das Greisenhafte der Epoche, **Das Greisenhaft.** die er charakterisiert, hervorhebt [1]). Und unter seinen Händen wird es zu einer Charakteristik des Greisenhaften überhaupt.

Herder gehören die Lebensalter der Nationen, Herder gehört der Typus des Greisenhaften an. Von ihm und Goethe wurde er zumeist auf die konventionelle Poesie der Franzosen angewandt; aber selbst ein Greis, erfasste Goethe in dieser Schrift das Charakteristische des Typus congenial und mit tiefster Selbstkenntnis.

Wenn wir eine Geschichte Goethe'scher Begriffe schreiben wollten und das Wort „Geist" verfolgten, wir sähen es bis zu **Geist.** den „Noten und Abhandlungen" eine immer bestimmtere Färbung annehmen, und sich hier zu seiner festesten Gestalt verdichten. Aber nicht nur für den Divan, nicht für den Orient wurde dieser Begriff geschaffen, er wurde im Aufsatz „Shakespeare und kein Ende" auf Shakespeare, er wurde in Goethes Äusserungen über Calderon, wo von dessen sublimirter Poesie die Rede ist, auf diesen angewendet, er erschliesst uns das Verständnis für Goethes eigene Altersdichtung und, im Fortschritt gegen Herder [2]), ein ganzes seit dem Sturm und Drang verworfenes Gebiet der

[1]) W. VII, 76.
[2]) Trotzdem schon Herder von dem Ätherischen der Sprache, die nicht an Bildern haftet und den Gedanken bloss andeutet, spricht. Metakritik XXI, 120—121.

Dichtkunst. Damals hatte das Leben gegen Begriff und Abstraktion gesiegt: Der abgezogene Begriff, die Abstraktion, der Anklang, das Geistige, dem keine plastische Vorstellung zu Grunde lag, wurden hier wieder in ihre Rechte eingesetzt.

Begriffsbezie-
hung < Geist.
Im Reim aber tritt nach Goethe der Geist und das Geistreiche am meisten zu Tage, hier wird am kühnsten mit Begriffen geschaltet. Denn vor allem handelt es sich darum, zwei reimende Wörter aufeinander zu beziehen. „Die kühnste Metapher verzeihen wir wegen eines unerwarteten Reims und freuen uns der Besonnenheit des Dichters, die er, in einer so nothgedrungenen Stellung, behauptet [1]."

So ist Goethe der Erste, der auf das feinste und geistigste im Reim, auf die Beziehungen, die zwischen zwei durch die Sprache gegebenen fixen Begriffen herzustellen sind, aufmerksam macht. Und hier ist auf das schwierigste Kapitel, auf das Verhältnis von Reim und Inhalt, vom Gedanken, den der Dichter aussprechen will und dem gleichklingenden oder teilweise gleichklingenden

Sprachmaterial.
Sprachmaterial, auf die Wechselwirkung und gegenseitige Bedingung von Wort und Geist hingewiesen. Selbst wenn, was ich bezweifle, Goethe nur an Araber und Perser gedacht hätte, wir könnten dennoch von hier aus zu allgemeineren Beobachtungen fortschreiten.

Im Keime ist auch hier manches bei Herder nachzuweisen. Und was Herder über das Wortspiel und über das Zitat gesagt hat, alles das findet hier mit bewusster Anlehnung seine Ausführung.

Aber die Anwendung dieser Gedanken auf den Reim, die gehört Goethe ganz allein. Und da die originellsten Erfindungen nichts anderes sein können, als treffende Analogiebildungen, bleibt sein Ruhm hier ungeschmälert.

Sprache: Ge-
danken.
Es ist Herder, der sich fortwährend mit der Abhängigkeit von Sprache und Gedanken beschäftigt. War aber Herders Schrift vom Ursprung der Sprache ein Kompendium Herder'scher Gedanken für Goethe gewesen, hatten sich an diese Schrift die eingehendsten mündlichen Erörterungen, Offenbarungen einer neuen Welt für Goethe geknüpft [2], so sind es eben diese Betrachtungen, die frühzeitig Einfluss auf Goethe gehabt haben mögen. Und solche Jugenderinnerungen tauchen ja gerade in der Divanzeit

---

[1] W. VII, 113, 21—25.
[2] Haym Herder I, 409 ff.

bei Goethe an die Oberfläche, gelockt vom Schimmer des Abend-
rotes, der wie neue Jugend damals den Strom seines Lebens beglänzte.

Locke [1]), Leibnitz [2]), Fontenelle [3]), Michaelis [4]) haben sich mit
dieser Frage der gegenseitigen Abhängigkeit beschäftigt: für Goethe
war Herder der Vermittler.

Und wenn Goethe bei der Bestimmung des Begriffes „Geist"
in den „Noten und Abhandlungen" sagt: „Jene Dichter haben alle
Gegenstände gegenwärtig und beziehen die entferntesten Dinge
leicht aufeinander, daher nähern sie sich auch dem, was wir Witz
nennen, doch steht der Witz nicht so hoch, denn dieser ist selbst-
süchtig, selbstgefällig, wovon der Geist ganz frei bleibt, deshalb er auch überall genialisch genannt werden kann und muss" [5]),
so stimmt jener „Witz", den er hier so tief unter den „Geist"
setzt, in etwas höherer Stellung mit der Herderschen Definition
des Witzes in dessen „Hodegetischen Abendvorträgen an die Pri-
maner Emil Herder und Gotthilf Heinrich Schubert" (von 1799)
überein. Dort heisst es: „Wenn die Erinnerung Gegenstände, die
das Gedächtnis auffasste, in Bildern oder Worten (im ersten Fall
heisst sie Phantasie) uns zurückführt, so verbinden wir sie erst-
lich nach Ähnlichkeiten unter einander. Das ist der Witz" [6]).

Aber noch von einer anderen Seite hat die Goethesche Reimbetrachtung in den „Noten und Abhandlungen" zum Divan Nahrung
gesogen, aus der eigenen Erfahrung Goethes. Denn durchwegs
handelt es sich hier darum, dass das Wort, die Wortverbindung
gegeben ist; dass aber der Gedanke zuerst da ist, wird kaum als
gleich oft vorkommender Fall betrachtet. Es handelt sich also
vorzüglich um jenes Spiel, aufgegebene Reime durch Gedanken
zu verbinden [7]), das Goethe in seiner Jugend bekanntlich übte, und

Aufgegebene
Reime.

----

[1]) Herder, XXIII, 131.

[2]) Herder, XXI, 21.

[3]) Herder, XXXIII, 66.

[4]) Herder, I, 148; siehe auch z. B. Herder, XXI, 19; XXIII, 85; XXX, 12,
I, 148, 349, 417; II, 17, 25, u. s. w.

[5]) W. VII, 76.

[6]) Herder, XXX, 510.

[7]) Siehe Goethe W. III. Abt., I. Band, S. 1 ff., oder als Beispiel, welchen
Wert G. auf gewisse charakteristische Reimwörter legte, die Stelle aus einem
Brief an Caroline von Egloffstein: Goethe W. IV. Abt., Bd. 21, S. 185, 14. Feb. 1810:
„Mich würde besonders der Reim von Pomeranzen und tanzen verdriessen,
wenn ich ihn verlieren sollte."

Improvisation. in weiterem Sinne um die Improvisation überhaupt [1]). Viele der schönsten, so leicht wie Bacheswellen hervorquellenden Lieder im Divan aber tragen ganz das Gepräge einer glücklichen Improvisation, umsomehr, als sie oft an ein Wort, ein Bild, ein Zitat aus Hammers Hafis oder einem andern orientalischen Dichter anknüpfen.

Material und Verknüpfung. Von Enweri sagt Goethe in den „Noten und Abhandlungen", er habe einen unüberschbaren Stoff beherrscht. Auf alle aber, die er loben wollte, habe er etwas Zierliches aus dem breiten Weltvorrate anzuwenden gewusst [2]). Natur und den Hof seines Schahs vergleicht er: „Beide Welten und ihre Vorzüge mit den zierlichsten Worten zu verknüpfen, war Pflicht und Behagen [3]). So heisst es auch von Saadi: „Er lebt und webt in einer grossen Erfahrungsbreite" [4]). Und in der Charakteristik seines Lieblings Hafis [5]) sowie im Abschnitt „Chiffer" [6]) zeigt er, wie bei den Korankundigen gerade wie bei den Bibelkundigen Deutschlands die Schrift als Stoff benutzt wird. Bei allen diesen Dichtern also bemüht sich Goethe, das Material nachzuweisen, mit dem sie frei schalteten, das sie heraushoben, willkürlich verknüpften und aufeinander bezogen. Denn wie er im Kapitel „Allgemeines" [7]) ausführt, gerade aus der unabsehbaren Breite der Aussenwelt und ihrem unendlichen Reichtum entspringt die Fruchtbarkeit und Mannigfaltigkeit der persischen Dichter, alle Gegenstände haben gleichen Wert, das Edelste und das Niedrigste wird ohne Bedenken mit einander verknüpft. Die Verwirrung, die daraus entsteht, aber vergleicht er mit dem Eindruck eines orientalischen Bazars, einer europäischen Messe. Nicht immer sind die kostbarsten und niedrigsten Waren im Raum weit gesondert, u. s. w.

---

[1]) W. VII, 119 wird der moderne Improvisator als Muster des Dichters angeführt.

[2]) W. VII, 53—54.

[3]) Ebenda, 68.

[4]) Ebenda, 61.

[5]) Ebenda, 62 ff.

[6]) Ebenda, 129, man erinnere sich an den Herderschen Abschnitt vom Wortspiel und Zitat.

[7]) Ebenda, 71 f.

„Übersicht des Weltwesens, Ironie, freien Gebrauch der Talente finden wir bei allen Völkern des Orients," fährt der nächste Abschnitt [1]) fort. „Resultat und Prämisse wird uns zugleich geboten, deshalb sehen wir auch, wie grosser Wert auf ein Wort aus dem Stegreife gelegt wird. Jene Dichter haben alle Gegenstände gegenwärtig und beziehen die entferntesten Dinge leicht aufeinander."

Dies beruht nach Goethe auf dem Geist, dem Vorwalten des oberen Leitenden, der aber gehöre vorzüglich dem Alter, oder einer alternden Weltepoche.

„Aber nicht der Dichter allein erfreut sich solcher Verdienste, die ganze Nation ist geistreich, wie aus unzähligen Anekdoten hervortritt. Durch ein geistreiches Wort wird der Zorn eines Fürsten erregt, durch ein anderes wieder besänftigt. Neigung und Leidenschaft leben und weben im gleichen Elemente, so erfinden Behramgur und Dilaram den Reim. Dschemil und Boteinah bleiben bis ins höchste Alter leidenschaftlich verbunden. Die ganze Geschichte der persischen Dichtkunst wimmelt von solchen Fällen."

Da sei nun, meint Goethe, wieder mit einem terminus aus Herders „Ursprung der Sprache", bei der grossen Breite der Umsicht, die vom Dichter gefordert werde, beim gesteigerten Wissen, grosse Besonnenheit — im Gegensatz zu Naivität — nötig. Dieses *Besonnenheit.* willkürliche Schalten, Verbinden und Aufeinanderbeziehen hat Goethe, wie schon im Eingang dieses Kapitels angeführt wurde, durch den Reim entschuldigt. An einer andern Stelle zeigt er sogar, dass es durch den Reim bedingt sei. Wie Herder in den Fragmenten und auch a. a. O. Inhalt und Form für unablösbar voneinander erklärt hatte, betont auch Goethe den grossen Einfluss der Technik auf jede Darstellungsweise. Die zweigliedrig gereimten Verse der Orientalen fordern einen Parallelismus, welcher aber, statt den Geist zu sammeln, denselben zerstreut, indem der Reim auf ganz fremdartige Dinge hinweist [2]). Dadurch erhalten ihre Gedichte einen Anstrich von Quodlibet oder vorgeschriebenen Endreimen, in welcher Art etwas Vorzügliches zu

---

[1]) W. VII, 76 f.
[2]) W. VII, 82 wird gesagt, dass die persischen Doppelverse einen ähnlichen Kontrast bilden wie die Hälften des Alexandriners, siehe pag. 8, Anm. 4.

Leidenschaft. leisten freilich die ersten Talente gefordert werden[1]). Leidenschaftliche Divination, die Leichtigkeit zu reimen, der weit um-
greifende Blick über alle Weltgegenstände und eine gewisse Lust
und Richtung der Nation, Rätsel aufzugeben, wodurch sich zugleich
die Fähigkeit ausbildet, Rätsel aufzulösen, lassen die Blumen-
Rätsel. sprache entstehen; dies wird dann in dem Kapitel „Blumen- und
Zeichensprache" erzählt. Nicht nur Blumen, sondern alle trans-
portablen Dinge werden benutzt und die Botschaft wird erraten,
indem man ein auf das zugesandte Zeichen reimendes Wort sucht.
Also, wie es in den mitgeteilten Proben heisst:

Amaranthe	Ich sah und brannte
Raute	Wer schaute
Haar vom Tiger	Ein kühner Krieger
Haar der Gazelle	An welcher Stelle u. s. w.[2])

Ausser allem andern, was schon früher angeführt wurde,
stammt auch noch die Verbindung von Poesie, „Takt, Gesang,
Poesie,Tanz,Ge- Körperbewegung und Mimik" von Herder, ebenso die Anführung
sang < Takt. des Zitates, das wir bei Herder bei Gelegenheit der Besprechung
des Wortspiels betrachteten. Was wir aber Goethe in seinen
durchaus auf Herderscher Basis ruhenden Ausführungen zu danken
haben, ist der Hinweis, dass der Reim zu gewissen Begriffsver-
bindungen zwingt, es ist besonders die Beleuchtung dieser Frage
vom Standpunkt der Improvisation aus, wo die Sprache als solche,
der reimende Teil des Wortschatzes in den Vordergrund tritt, den
Gedanken ihren Weg vorschreibt und dennoch etwas Neues,
Schönes und Geistreiches entstehen lässt. Bis dahin sprach man
nur mit Verachtung von dem Dichter, auf dessen Gedankengang
der Reim Einfluss genommen hat. Hier aber wird gezeigt, wie
selbst bei aufgegebenen Endreimen die Art der Verbindung frei
ist, ja es sogar zum entschiedenen Vorteil gereicht, je über-
raschender eine solche zwischen den fremdesten Dingen erreicht
wird, daher noch immer Vortreffliches, Unübertreffliches in dieser
Art geleistet werden kann.

Nur das Mannesalter in bewusster, selbstbildnerischer Tätigkeit ist unfrei; seinem Bemühen, sich der Welt anzupassen, ist

---

[1]) W. VII. 106—107.
[2]) W. VII, 125.

jede Willkür fremd. Tasso zeigt uns diesen Kampf, dessen Ziel Goethes Stil. es ist, sich in die Welt zu schicken, auch stilistisch im Wortschatz, man kann diesen attributiv nennen mit seinen substantivirten Adjektiven, mit seinen vielen Abstrakten. In der Iphigenie liesse sich auf demselben Wege Maass und Einschränkung zeigen, ihr Stil ist adverbial, das kühne Verbum „wagen" selbst durch ein einschränkendes „gelassen" gedämpft. Frei ist die Jugend, die mit nichtsachtender Tatkraft ungezügelt in Verben dahinstürmt und blind und kühn die fremdesten Dinge oft zu Wortzusammensetzungen zwingt, frei ist auch das Alter auf seiner klaren Höhe; das Verbum ist, wie oft im Faust II, zur Kopula herabgesunken und dient nur dazu, die Begriffe, mit denen es willkürlich schaltet, aufeinander zu beziehen, miteinander zu verbinden; der eigentliche Verbalbegriff wird oft durch substantivirte Infinitive u. s. w. wiedergegeben. Die Wortzusammensetzung geschieht nun nicht mehr im dunkeln, unwiderstehlichen Drange; wie man aus erkalteten Lavastücken die hübschesten Schmucksachen macht, so werden jetzt die erstarrten Begriffe nach weiser Wahl miteinander verbunden in künstlerischer Absicht. Die Welt, das Attributive braucht das Alter aber nicht mehr sich anzueignen, die bildet den sichern Grund, auf dem, über dem es steht.

Indem nun Goethe den Orient nach Analogie seiner selbst be- Orient<Goethe trachtet, seine klare Übersicht über den breiten Weltvorrat, seine Geschicklichkeit in Verknüpfung des Entferntesten schildert, wird er zum Interpreten: d. h. nicht an einer Erscheinung, an allen sucht er diese charakteristische Eigentümlichkeit nachzuweisen. Der Reim ist ihm nun allerdings ein wesentliches Element gewesen, aber ebensowenig wie Fragen und Gleichnisse wurde er ihm zur Hauptsache. Daher war es auch nicht zu vermeiden, dass manches scheinbar nicht hierhergehörige an den Zitaten klebte. Es musste darum um so eher mein Bestreben sein, nachzuweisen, dass schon in Herderschen Einflüssen und in Goethes eigenen Erfahrungen die Elemente seiner Betrachtungen lagen und ihr Kern nicht orientalisch ist, sondern sich als Aussaat für eine neue Psychologie des Reimes trefflich verwerten lässt. Wird doch übrigens die Sage von Dschemil und Boteinah durch ein eigenes Erlebnis erläutert [1]); wir können wohl erraten, dass Boteinah hier

---

[1]) W. VII, 127.

Leidenschaft-
liche Improvi-
sation.

Marianue v. Willemer war. Hier kommt dann noch der für unsre
Frage ganz wichtige Umstand hinzu, dass solche Vorgänge sich
im Zustande der Leidenschaft[1]) blitzschnell und unbewusst ab-
wickeln[2]). Und die in einem Gedichte des Divan[3]) ausgeführte
Sage von der Erfindung des Reimes durch Behramgur und Dilaram
veranschaulicht dieses blitzschnelle sich Einstellen von Gedanken
und Reim zugleich. Dass aber Goethe mit dieser Erklärung nicht
beim Orient stehen blieb, zeigt die bekannte Stelle im Faust II[4]),
wo die Sage in abendländischen Rahmen gefasst und zugleich die
Begünstigung des Reims durch den Dialog erklärt wird. Damit
aber, und hier wird wieder eine wichtige, vielumstrittene Frage

Reimbrechung. berührt, entscheidet sich der Dichter für die Reimbrechung.

---

[1]) **Leidenschaft** gehört beim alten Goethe zu einem der am häufigsten
gebrauchten Wörter; es ist, als ob das Wort ersetzen sollte, was in der Tat
nicht mehr vorhanden war, von Goethe aber im Momente der Produktion gefordert wurde. Die Forderung stammt von Herder und Hamann, den der alte
Goethe eifrig studierte.

[2]) W. VII, 125 u. 127.

[3]) H. IV, 153, W. VI, 180.

[4]) H. XIII, 152.

IV. Die Romantiker.

Wackenroder 42—43, Novalis 43—45, Tieck 45—48, Friedrich Schlegel 48—52, A. W. Schlegel 52—74, A. F. Bernhardi 74—87. Die Musik der Sprache und die Romantiker 41—45, Symmetrie und „Bouts rimés" 44—45, Reim und Musik 45—48, Symmetrie und gigantischer Reim 49, Reim = tönende Charakteristik 49—50, Reim modernes Prinzip 51—52. Reimfertigkeit und Genie 52—53, Wiederholung 54, Euphonie und Lautcharakteristik (Ton : Farbe : Empfindung) 54—57, Reim und Sinn, Lichtpunkt der Darstellung 58—60, Reim = Alliteration + Assonanz = Nachahmung + Musik, Alliteration bindet Vers, Assonanz das Ganze, Reime die Strophen, Vielsilbige Reime, Wirkung des Reims 62, Verknüpfung, Erwartung und Befriedigung, häufige und seltene Reime, Rätsel, Echo, Bizarre Reime 63, Gedankenreime < deutsche Wurzelbetonung, Wirkung auf Vers 64, Verschlingung, Geschichte 65, Wortspiel 66—67, Lyrische Strophen komplizirt < Individualismus 67, Symmetrie 67—68, Tiecks Einfluss, philologische Betrachtung 69—70, verbindende und trennende Wirkung, Symmetrie, Parallelismus 71—72, reicher Reim, Gedankenreim 72, Mystisches 73—74, Ton : Farbe : Gefühl 75—76, Klang : Inhalt 76, Reim < Accentuation 77, Reim : Accent, strophisches Prinzip 78, Reim = Poesie der Sprache als solche = der Sprache als Individuum eigentümlich 79, Wortspiel 80, Alliteration, Assonanz 80—81, Enge Reimstellung am Schluss der Strophe = verkürzten Vers in antiken Strophen, Reimbrechung 83, seltene Reime 84, reicher Reim, Reim = Versspiel 85, Strophenformen 86—87.

Herder warnt in seinen Briefen zur Beförderung der Humanität [1]) vor einer blossen Poesie des Ohrs, es „ist ein zwar tiefdringender, mächtig erschütternder, aber auch ein sehr abergläubiger Sinn. In seinen Schwingungen ist etwas Unabsehbares, Unermessliches, das die Seele in eine süsse Verrückung setzt, in welcher sie kein Ende findet."

Es ist, als habe Herder, der selbst so empfindlich für die dunkle Urgewalt der Töne war, und der vielleicht die Schönheit und Notwendigkeit des Abgezirkelten und Massvollen gerade darum so gut erkannte, weil es nicht in seiner Natur lag, hier die

Die Musik der Sprache.

---

[1]) Herder, XVIII, 27.

Romantik charakterisieren wollen. Aber worin sonst vielleicht die
Schwäche der Romantiker liegt, gerade das gibt ihnen für uns
die grösste Bedeutung; den feinsten Reiz des Reimes, das Musikalische hat niemand so zur Geltung gebracht wie sie. Alle diese
Männer, so verschieden unter einander, so unähnlich sich selber
in den verschiedenen Epochen ihres Lebens, geistreich spielend
und voll mystischen Tiefsinnes, den Baum der Erkenntnis ahnungs-
voll in seinen dunkelsten Wurzeln erschütternd oder in spekula-
tiver Verblendung in die blaue Luft hauend, eines haben sie
gemeinsam, Feinhörigkeit, zartestes Gefühl für Ton und Klang.

Sprache und
Empfindung. Was hat nicht das Gefühl, dass die Sprache nicht imstande sei der
Empfindung Ausdruck zu verleihen, für Erscheinungen in der
deutschen Dichtung hervorgerufen, welches Tasten und Ringen,
das Unaussprechliche auszusprechen! Stammeln und Lallen, Inter-
jektionen bald, bald die ausdrückliche Versicherung, dass hier die
Sprache versage, dunkel andeutende Adjektiva und Verba der
Bewegung, die das Huschende, Rinnende des Gefühls, das der greifenden Hand der Welle gleich entgleitet, ausdrücken sollen, antithetische Wortzusammensetzungen, die dazu bestimmt sind, das
Wesen der Sache wie eine Zange von beiden Seiten zu fassen
(Göthe), alles dies hat von Klopstock bis zum Faust II. der Sprache
neue Elemente zugeführt, Erstarrendes neu belebt. Durch Klang-
wirkungen suchten die Romantiker die Seele des Erlebnisses, die
Stimmung wiederzugeben.

Wackenroder

schilt die „Sprache der Worte“ ein allzu irdisches und grobes
Werkzeug, um das Unkörperliche wie das Körperliche damit zu hand-
haben [1]; er vergleicht die dunkeln Gefühle mit verhüllten Engeln,
welche zu uns niedersteigen, und preist die Macht der Musik, die
umso mächtiger auf uns wirkt, je dunkler und geheimnisvoller ihre
Sprache ist [2]; ihm ist, als wenn er bei ihr weit klüger würde, [3]
sie redet eine Sprache, die wir im ordentlichen Leben nicht
kennen, [4] wagt in einer fremden, unübersetzbaren Sprache von den
Dingen des Himmels zu sprechen [5]; manche Tonstücke reden selbst

---

[1] Phantasien über die Kunst, 9. Von zwey wunderbaren Sprachen
und deren geheimnisvoller Kraft, S. 76 f.
[2] A. a. O. Aufsätze über die Musik S. 169. [3] S. 166. [4] S. 207. [5] S. 214.

ohne Absicht ihres Meisters eine herrliche empfindungsvolle Poesie [1]). Sind ihm doch die Begriffe nur die „Grenzen und Hülsen der Dinge". Wen aber „der Zug seines Herzens durch das Meer der Gedanken pfeilgrade wie einen kühnen Schwimmer auf das Zauberschloss der Kunst allmählich hinreisst, der schlägt die Gedanken wie störende Wellen mutig von seiner Brust, und dringt hinein in das innerste Heiligtum und ist sich mächtig bewusst der Geheimnisse, die auf ihn einstürmen." In der Musik, als in ihrem Himmel, feiern die Empfindungen ihre Auferstehung, wenn sie „die Sprache der Worte, als das Grab der inneren Herzenswuth, mit einem Ausruf zersprengen [2])." Das Fliessen eines Stromes vermag keine Kunst mit „Worten für's Auge hinzuzeichnen. Die Sprache kann die Veränderungen nur dürftig zählen und nennen," auch die Verwandlungen des geheimnisvollen Stromes in den Tiefen des menschlichen Gemüts zählt und nennt und beschreibt die Sprache nur „in fremdem Stoff; — die Tonkunst strömt ihn uns selber vor"; durch sie lernen wir „das Gefühl fühlen"; sie verdichtet die Gefühle, die im wirklichen Leben herumirren, in feste Massen. Und auch den musikalischen Einfluss des Wortklanges auf die Gedanken deutet Wackenroder an, wenn er sagt, dass „die Sprache der Worte manchmal von den Ausdrücken und Zeichen der Gedanken neue Gedanken zurückstrahle und die Tänze der Vernunft in ihren Wendungen lenke und beherrsche" [3]).

Jene mystische Einheit von Wesen und Wort, wie sie nach Wackenroder nur von der Musik erreicht wird, ist das Sprachideal

Novalis'.

In den Lehrlingen zu Sais schildert er jene „heilige Sprache". „Ihre Aussprache war ein wunderbarer Gesang, dessen unwiderstehliche Töne tief in das Innere jeder Natur eindrangen und sie zerlegten. Jeder ihrer Namen schien das Losungswort für die Seele jedes Naturkörpers. Mit schöpferischer Gewalt erregten diese Schwingungen alle Bilder der Welterscheinungen und von ihnen konnte man mit Recht sagen, dass das Leben des Universums ein ewiges, tausendstimmiges Gespräch sei, denn in ihrem Sprechen schienen alle Kräfte, alle Arten der Thätigkeit auf das Unbegreiflichste vereinigt zu sein" [4]).

---

[1]) A. a. O. Aufsätze über die Musik, S. 226. [2]) S. 229. [3]) S. 231 f.
[4]) Novalis, Berlin 1826 II [4] 76.

Diese heilige Sprache ist nun leider verloren. „Unsere Sprache war zu Anfang viel musikalischer," sagt ein Fragment zum Preise der Musik; „sie hat sich nur nach und nach so profanirt, so entehrt; sie ist jetzt mehr Schall geworden, Laut, wenn man dies schöne Wort so erniedrigen will; sie muss wieder Gesang werden. — Unsere Sprache ist entweder mechanisch oder atomistisch oder dynamisch. Die echt poetische Sprache soll aber organisch, lebendig sein. Wie oft fühlt man die Armut an Worten, um mehrere Ideen mit einem Schlage zu treffen![1] — Darum ist sie auch „für die Philosophie, was sie für Musik und Malerei ist, nicht das rechte Medium der Darstellung"[2]. So muss denn die Sprache durch Klang und Anklang die Tiefen der Seele erschüttern. „Es lassen sich Erzählungen ohne Zusammenhang, jedoch mit Association, wie Träume denken, Gedichte, die bloss wohlklingend und voll schöner Worte sind, aber auch ohne allen Sinn und Zusammenhang, höchstens einzelne Strophen verständlich, wie Bruchstücke aus den verschiedenartigsten Dingen. Diese wahre Poesie kann höchstens einen allegorischen Sinn im grossen und eine indirekte Wirkung, wie Musik, haben. Darum ist die Natur so rein poetisch, wie die Stube eines Zauberers, eines Physikers, eine Kinderstube, eine Polter- und Vorratskammer."[3]

Musik und Symmetrie.

Neben diesen dunklen Wirkungen ist aber die Musik für Novalis auch höchster Ausdruck der Symmetrie, „die musikalischen Verhältnisse scheinen mir recht eigentlich die Grundverhältnisse der Natur zu sein",[4] ruft er aus, „das höchste Leben ist Mathematik". „In der Musik erscheint sie förmlich als Offenbarung"[5]. Auch in der Geschichte, wie in der Natur, findet er Zahlenmystik, Symmetrie[6], und Herder stammelt er nach: „Heilige unerforschliche Hieroglyphe jeder Menschengestalt."

Dienten die bisher angeführten Stellen nur dazu, die Rolle, die der Wortklang bei den Romantikern spielte an ihren tiefsten, dichterischsten Vertretern aufzuzeigen, weil Theorie und Praxis der übrigen, die sich direkt mit dem Reim befasst haben, ihre Wurzeln in diesen Nährboden senkten, so erinnert ein anderes Fragment an Goethes Ausführungen in den Noten und Abhandlungen.

---

[1] A. a. O. S. 131.
[2] Novalis. Berlin 1896, III. S. 190.
[3] Novalis Fragmente II, 170. [4] III, S. 194. [5] II, S. 110. [6] II, S. 111.

„Ein Romanschreiber macht eine Art von Bouts rimés, das aus einer gegebenen Menge von Zufällen und Situationen eine wohl geordnete gesetzmässige Reihe macht, das Ein Individium zu Einem Zweck durch alle diese Zufälle zweckmässig hindurchführt". — Durch die Annahme mehrerer solcher willkürlicher Punkte erleichtert sich der Dichter seine Arbeit, „ein solches Bout rimé auszufüllen ist in der That leichter, als à priori aus dem einfachen Kern die dazu gehörige mannigfaltige Reihe streng zu entwickeln" [1]). Das Gemeinsame eines solchen Romanschemas mit aufgegebenen Reimen springt in die Augen; Novalis hat den Tiefblick, der das Wesentliche der Erscheinung erfasst.

Aufgegebene
Reime.

Die Lehre vom Vorrang der Musik vor der Wortsprache, die Wackenroder und Novalis aufgestellt hatten, fand in

Tieck

einen begeisterten Anhänger. Praxis und Programm zugleich zeigt sein Gedicht: „Liebe denkt in süssen Tönen"; während aber Tieck mit der Technik eines grossen Virtuosen auf dem Instrument der Sprache spielt[2]), kommen die Poesien Novalis den tiefsten, geheimnisvollsten und erschütterndsten Wirkungen der Musik gleich, sind die wie im Traum associirten Vorstellungen, die schattenhaft an unserem innern Sinn vorüberhuschen, ist die Melodie der Sprache ein Mittel, der dunkel aufgeregten Seele die Empfindungen des Dichters ohne Hilfe des Verstandes zu vermitteln. Wer denkt da nicht an die unsterblichen Hymnen an die Nacht, wer vermöchte die Wirkung zu schildern, die die plötzlich wie ein goldener Strom erlösend hervorbrechenden Reime dort machen, wer vermöchte diese Wirkung zu erklären!

Tieck hat 1803 in seiner Vorrede zu den altdeutschen Minneliedern dem Reim ein begeistertes Loblied gesungen[3]). Alles scheint ihm in diesen zarten Reimgedichten auf die Klangschönheit hinzuwirken, dialektische Schwankungen in Bezug auf die Vokale

Musik des
Reimes.

---

[1]) Novalis Fragmente II, S. 168—169.

[2]) Novalis sagt einmal II, S. 166: „Wenn man manche Gedichte in Musik setzt, warum setzt man sie nicht in Poesie?" und III, S. 167 „Es gibt poetische Musik und Malerei, diese wird oft mit Poesie verwechselt, z. B. von Tieck, auch wohl von Goethe". Ihm ist eben (III, 180) Poesie „innere Malerei und Musik, modifiziert durch die Natur des Gemüthes".

[3]) Tieck, Kritische Schriften. Leipzig, Brockhaus 1848. I 187 ff.

hält er für willkürliche Änderungen, die dem Wohlklang zuliebe
gemacht wurden, ebenso steht es mit den Versformen. „Keine
Regel, keine Autorität hatte hierüber etwas Bestimmtes festgesetzt,
sondern jeder Sinn folgte seinem Antriebe, nachdem er sich zur
Künstlichkeit oder Simplicität neigte und also seinen Gegenstand
prächtig und auffallend für das Ohr machen oder sich zierlich
und gewandt zeigen und die Zärtlichkeit und Sehnsucht auch durch
den Fall der Reime lieblich und seufzend zu erkennen geben
wollte." Auch die Differenzen zwischen der Metrik der Minnesänger und der Prosodie der Alten hält der Romantiker für willkürlich. „Gewiss zeigt sich in keinen Gedichten die Natur und
Absicht des Reimes so vollständig wie in diesen. So wie man
hier eine sichere und gebildete Hand im Gebrauch desselben fast
allenthalben erkennt, so wird dem Leser fast immer auch zugleich
die Entstehung dieses Wohlklangs, welcher die ganze neue Poesie
gestimmt und beseelt hat, deutlich. Es ist nichts weniger als
Trieb zu Künstlichkeiten oder zu Schwierigkeiten, welche den
Reim zuerst in die Poesie eingeführt hat, sondern die Liebe zum
Ton und Klang, das Gefühl, dass die ähnlich lautenden Worte in
deutlicher oder geheimnisvoller Verwandtschaft stehen müssen,
das Bestreben, die Poesie in Musik, in etwas Bestimmt-Unbe-
stimmtes zu verwandeln. Dem reimenden Dichter verschwindet
das Mass der Längen und Kürzen gänzlich, er fügt nach seinem
Bestreben, welches den Wohllaut im gleichförmigen Zusammenhang der Wörter sucht, die einzelnen Laute zusammen, unbekümmert um die Prosodie der Alten, er vermischt Längen und
Kürzen umso lieber willkürlich, damit er sich umso mehr dem
Ideal einer rein musikalischen Zusammensetzung annähere. Eine
unerklärliche Liebe zu den Tönen ist es, die seinen Sinn regiert,
eine Sehnsucht, die Laute, die in der Sprache einzeln und unver-
bunden stehen, näher zu bringen, damit sie ihre Verwandtschaft
erkennen und sich gleichsam in Liebe vermählen. Ein gereimtes
Gedicht ist dann ein eng verbundenes Ganzes, in welchem die gereimten Worte getrennt oder näher gebracht durch längere oder
kürzere Verse aus einander gehalten, sich unmittelbar in Liebe
erkennen, oder sich irrend suchen, oder aus weiter Ferne nur mit
der Sehnsucht zu einander hinüberreichen; andere springen sich
entgegen, wie sich selbst überraschend, andere kommen einfach

mit dem schlichtesten und nächsten Reim unmittelbar in aller Treuherzigkeit entgegen. In diesem lieblichen labyrinthischen Wesen von Fragen und Antworten, von Symmetrie, freundlichem Wiederhall und einem zarten Schwung und Tanz mannigfaltiger Laute schwebt die Seele des Gedichts wie in einem klaren, durchsichtigen Körper, die alle Teile regiert und bewegt und weil sie so zart und geistig ist, beinahe über die Schönheit des Körpers vergessen wird." — „Der Reim wird aber nicht bloss auf eine so beschränkte Weise gebraucht, wie es diese Nationen (Italiener und Spanier) nachher fast zum Gesetz in der Poesie gemacht haben. Ausserdem, dass er die einzelnen Verse beschliesst und miteinander verknüpft, ist ihm noch ein ganz verschiedener Sinn beigelegt, welcher den künstlichen Formen ein unendliches Feld eröffnet. Andere Reime werden nämlich noch oft in die Mitte gestellt, oder zu Anfang, oder gegen das Ende gehäuft, wodurch ein Gedicht in seinem Hauptverhältnisse und in seiner Melodie noch viele andere Nebentöne bekommen kann, die im Liede zart oder flüchtig, wie in einem leichten Elemente spielen, sich ganz darin verlieren, und immer wieder von neuem hervortreten. Einem ungeübten Ohre dürfte das Schönste dieser Art nur als kindische Spielerei erscheinen, wo der feinere Sinn die zerlegten Laute der Sehnsucht vernimmt, die sich in Thränen und Schluchzen auflöst, anderswo wie ein klagendes Echo aus dem Gemüthe, oder das Rieseln eines muntern Baches, dessen Wellen freudig zusammenklingen. In vielen dieser Lieder zeigt sich die Liebe des Dichters fast unerschöpflich, alles ist ihm noch immer nicht musikalisch und lieblich genug, er beugt die harten Worte seiner Sprache immer wieder in Reime um, dass sie sich recht glatt und gelinde, recht liebkosend an das Herz der Geliebten schmiegen sollen. Das Gefühl kann fast nicht die beflügelten Laute zurückweisen, die so schmeichelnd und tändelnd nahen und in denen der Gedanke des Gedichts so demüthig durchscheint; dass gerade diese künstlichste und lieblichste Art der Poesie späterhin in Thorheit ausarten konnte und musste, bedarf kaum erwähnt zu werden und so findet man schon unter den spätern Minnesängern einige Lieder, die man für nichts anderes als Kindereien halten kann."

Ich habe unverkürzt zitiert, obwohl die angeführten Stellen nicht viel neues über den Reim bringen. Das Trennende und

Bindende des Reims war 1803 schon längst von A. W. Schlegel gekennzeichnet worden. Das Fragende und Antwortende, die Symmetrie, das Echoartige des Reims, sowie das Gefühl der inhaltlichen Zusammengehörigkeit ähnlich lautender Worte ist ebenfalls schon von Früheren ausgesprochen. Und dennoch liegt in dieser Charakteristik, die den Betrachter fast noch mehr charakterisiert als das Betrachtete, und mit ihren Tränen und Sehnen, der treuherzigen Einfalt, sowie all dem Auflösen in Weinen, Wellen und Musik fast alle Elemente Tieck'schen Stils und Tieck'scher Vorstellungsweise zeigt; dennoch ist diese Charakteristik wegen ihres kräftigen Hinweises auf den musikalischen Reiz des Reims ein wichtiger Fortschritt, ist Krystallisation dessen, wozu Wackenroder und Novalis die Elemente geliefert. Dass der Gedanke nicht durch den Klang heller wird, sondern demütig durchschimmert, ist Tieck'sch.

Auch bei Interpretation einzelner Dichter berücksichtigt Tieck vorzüglich den Reim, einmal erscheint ihm der Refrain unter Tränen zu lachen, ein andermal erscheint ihm der Einklang der Worte rührend, dann wieder assoniert a schwermütig durch ein ganzes Gedicht. Und Tieck selbst spielt das Spiel des Gleichklangs, wenn er von Petrarca sagt: „Die Schönheit seiner Werke weiss wie schön sie ist, gefällt sich im Gefallen" etc. Und wie sollte er auch nicht, da es seiner Ansicht nach „ein Missverständnis ist, jene Formen zu verwerfen, weil sie künstlich sind, als wenn die Kunst je könnte unkünstlich sein wollen."

Auch

Friedrich Schlegel

gehört zu denen, die mehr sich als die Sache beleuchten. Bei ihm führt häufig die Antithese den Gedanken herbei, wie bei andern der Reim. Architektur ist ja den Romantikern gefrorene Musik, Michel Angelo, Rafael und Correggio malen wie Bildhauer, Architekten und Musiker, die reine Instrumentalmusik hat eine Tendenz zur Philosophie. Da werden nicht wie bei Herder die gemeinsamen Wurzeln aller Künste gezeigt, sondern Schlegel will den Umriss ihrer Wipfel in Schatten hüllen, so dass sie als eine ineinander übergehende trübe Masse erscheinen. Er

sagt im Gespräch über die Poesie: „Ich habe oft im Einzelnen bestätigt gefunden, dass die Prinzipien des Rhythmus und selbst der
gereimten Silbenmasse musikalisch sind. Was in den Darstellungen
von Charakteren, Situationen und Leidenschaften das Wesentliche,
Innere ist, dürfte in den bildenden und zeichnenden Künsten ein-
heimisch sein [1]). Da fühlt man sich leicht versucht, als geistreiche
Spielerei zu verwerfen, was nicht ohne Tiefe ist. So wenn es in
den kritischen Fragmenten heisst: „Auch im Innern und Ganzen
der grössten modernen Gedichte ist Reim, symmetrische Wiederkehr des Gleichen. Dies rundet nicht nur vortrefflich, sondern
kann auch höchst tragisch wirken. Zum Beispiel die Champagner-
flasche und die drei Gläser, welche die alte Barbara in der Nacht
vor Wilhelm auf den Tisch setzt — ich möchte es den gigan-
tischen oder Shakespearischen Reim nennen, denn Shakespeare
ist Meister darin" [2]). Und an einer andern Stelle, wo er von der
innerlichen Korrektheit Shakespeares spricht: „So ist er auch
systematisch wie kein anderer, bald durch jene Antithesen, die
Individuen, Massen, ja Welten in malerischen Gruppen kontrastiren
lassen, bald durch musikalische Symmetrie desselben grossen Mass-
stabes, durch gigantische Wiederholungen und Refrain" [3]). An beiden
Stellen ist der Herdersche Gedanke von der inneren Verwandtschaft des Reimes mit andern rhythmischen und stilistischen Figuren
durch die Symmetrie angewendet. Ebenso ist auch die Behauptung,
der Reim, obgleich die schönste Zierde der Poesie, sei für ein
Lehrgedicht nicht angemessen, auf einen Satz Herders zu re-
duzieren.

Friedrich Schlegel war in seiner Jugend ein Feind des Reimes
und Anhänger Klopstocks. In seiner Abhandlung über das Studium
der griechischen Poesie erklärt er, die älteste moderne Poesie,
durch abenteuerliche Begriffe in eine verkehrte Richtung gelenkt,
trägt einen künstlichen Charakter. „Der Reim selbst," fährt er
fort, „der Reim selbst scheint ein Kennzeichen dieser ursprünglichen Künstlichkeit unserer aesthetischen Bildung. Zwar kann
vielleicht das Vergnügen an der gesetzmässigen Wiederkehr eines

Marginalien: Der gigantische Reim. — Reim < Künstlichkeit.

---

[1]) Friedrich Schlegel, Jugendwerke, herausgegeben von Minor II S. 355.
[2]) II S. 201.
[3]) II S. 245.

4

ähnlichen Geräusches in der Natur des menschlichen Gefühlsvermögens selbst gegründet sein. Jeder Laut eines lebenden Wesens hat seinen eigenthümlichen Sinn, und auch die Gleichartigkeit mehrerer Laute ist nicht bedeutungslos. Wie der einzelne Laut den vorübergehenden Zustand, so bezeichnet sie die beharrliche Eigenthümlichkeit. Sie ist die tönende Charakteristik, das musikalische Porträt einer individuellen Organisazion. So wiederhohlen viele Thierarten stets dasselbe Geräusch, gleichsam um der Welt ihre Identität bekannt zu machen — -- sie reimen[1]). Es liesse sich auch wohl denken, dass bei einer ungünstigen oder sehr abweichenden Naturanlage ein Volk auch ohne Künstelei an der Ähnlichkeit des Geräusches ein ganz unmässiges Wohlgefallen fände. Aber nur wo verkehrte Begriffe die Direktion der poetischen Bildung bestimmten, könnte man eine fremde gothische Zierath zum notwendigen Gesetz, und das kindische Behagen an einer eigensinnigen Spielerei beinahe zum letzten Zweck der Kunst erheben. Eben wegen dieser ursprünglichen Barbarei des Reims ist seine weise Behandlung eine so äusserst seltene und schwere Kunst, dass die bewundernswürdige Geschicklichkeit der grössten Männer kaum hinreicht, ihn nur unschädlich zu machen. In der schönen Kunst wird der Reim immer eine fremdartige Störung bleiben. Sie verlangt Rhythmus und Melodie: denn nur die gesetzmässige Gleichartigkeit in der zwiefachen Quantität aufeinander-

Reim = tönende Charakteristik.

---

[1]) In der Rezension von Goethes Hermann und Dorothea, 1797, Böcking, XI 193, definirt A. W. Schlegel das Silbenmaass im allgemeinen als die Erscheinung des Beharrlichen im Wechselnden, das die Identität des Selbstbewusstseins verkündigt. Haym 156 führt diese Definition auf Schillers Brief an A. W. Schlegel vom 10. Dez. 1795 zurück, wo es heisst: „Das Zeitmaass ist das Beharrliche im Wechsel und eben das ist der Charakter seiner (des Menschen) Selbstheit, die sich in dieser Erscheinung ausdrückt". Friedrich Schlegel hatte sein Manuskript schon im Herbst 1795 abgeliefert (Haym 187), der Druck verzögerte sich indes um mehr als ein Jahr. Der erste Schlegel'sche Brief, der den Essay: „Über das Studium der griechischen Poesie" zitirt (Preuss. Jbch. IX, 226: „Ich bin eben jetzt mit der letzten Umarbeitung und Ausbildung über das Verhältnis der Griechischen Bildung zur modernen beschäftigt. und wenn der Versuch zu meiner Zufriedenheit ausfällt, werde ich Ihnen denselben zur Prüfung übersenden".), ist vom 12. Dezember 1795, also zwei Tage nach Schillers Brief an August Wilhelm geschrieben. Schillers und in zweiter Linie A. W. Schlegels Betrachtungen sind daher unmöglich auf Friedrich zurückzuführen, eher umgekehrt.

folgender Töne kann das Allgemeine ausdrücken. Die regelmässige Ähnlichkeit in der physischen Qualität mehrerer Klänge kann nur das Einzelne ausdrücken. Unstreitig kann sie in der Hand eines grossen Meisters ungemein viel Sinn bekommen und ein wichtiges Organ der charakteristischen Poesie werden. Auch von dieser Seite bestätigt sich also das Resultat, dass der Reim (nebst der Herrschaft des Charakteristischen selbst) in der künstlichen Bildung der Poesie seine eigentliche Stelle findet" [1]).

Klopstocks grammatische Gespräche haben Anlass zu diesen Auslassungen gegeben [2]). Ein Jahr später, 1796, in der Rezension der Herder'schen Humanitätsbriefe, deren Für und Wider Friedrich so treffend mit dem Gang eines Pilgrims vergleicht, der einen Schritt vorwärts und dann wieder zwei rückwärts geht, wendet er sich gegen Herders Satz, der Reim gehöre für Kirchen- und andere Volkslieder, für Denksprüche, lebhafte Antworten und mehrere Gattungen angenehmer Konversazionspoesie [3]). Und zwar zu Gunsten des Reimes! „Giebt es nicht Gedichte in Sprachen, welche reimlose Versarten erlauben, die gar nicht blos fürs ungebildete Volk oder für die gesellschaftliche Unterhaltung bestimmt sind, sondern den ganzen Verstand, die volle Liebe des Denkers und des Kenners in Anspruch nehmen, in denen der Reim dennoch sehr bedeutend ist, ja fast unentbehrlich scheint? Warum vermieden die Alten den Reim, die einzigen prosaischen Sprüchwörter ausgenommen, und dichteten auch in solchen Dichtarten, wie hier genannt werden, in den einfachsten Hymnen, den kunstlosesten Volksliedern, Gnomen und Mimen reimlos? Die Übereinstimmung so verschiedener Nazionen, wie die Neu-Römer und Neu-Griechen, die neuern Europäer und Araber scheint vielmehr eine Indikazion zu sein, dass der Gebrauch des Reims, ohne Rücksicht auf Nazionalkarakter, der modernen Poesie, wenigstens während der ersten Epochen dieser Ausbildung wesentlich sei, nicht „blos eine arabisch-provençalische Konvenzion"" [4]). ░Reim = modern

Nicht nur erscheint jetzt der Reim als ein modernes Prinzip, er erscheint auch als ein berechtigtes. Schon das abfällige Urteil

---

[1]) I S. 99.
[2]) s. auch I S. 164.
[3]) II S. 44.
[4]) Die auf Reiskes Autorität hin verfochtene Behauptung Herders.

in der Abhandlung zum Studium der griechischen Poesie hatte
wider seinen Willen einen erspriesslichen Beitrag zur Reimtheorie
geliefert; sehen wir von dem boshaften Witz, die Tiere reimen,
ab, so enthalten jene Ausführungen einen brauchbaren Kern. Wir
werden auch später der Ansicht begegnen, dass die immer wieder-
kehrenden Töne das Charakteristische der Stimmung malen, „musikalisches Porträt einer individuellen Organisazion“ sind, wenn
man ein Gedicht als Individuum und Organismus auffasst. Wechselt
das Reimwort, so zerfällt das Gedicht in mehrere Individuen,
deren verschiedene Physiognomien scharf charakterisiert sind,
während das Metrum das Charakteristische abschleift, nivelliert,
verallgemeinert. Dies gilt aber nur, wenn mit einem Reimpaare
Enjambement. auch ein Gedanke zu Ende ist, sobald jedoch Enjambement eintritt
und die Reime über den Abschluss eines Gedankens hinübergreifen,
sich am Ende sogar kreuzen und verschlingen und komplizirtere Gebilde entstehen, sind wir auf einer höheren Stufe angelangt. Der
Reim vereint verschiedene Individuen zu einem höhern Organismus.

So weit ging nun Friedrich Schlegel allerdings nicht, ihm
passte es auch besser, den Reim bloss als Mittel der charakteri-
sirenden Kunst aufzufassen, weil ihm die moderne Kunst nur
als charakteristisch erscheint. Von diesem Standpunkte aus erscheint
ihm auch der Reim in manchen modernen Gedichten unentbehrlich.

August Wilhelm Schlegel

hat nicht nur die Irrtümer seines Bruders korrigirt, er hat auch
die Reimtheorie weiter gefördert. Die „Briefe über Poesie, Silbenmass und Sprache[1])“ allerdings bringen uns nicht viel weiter.
Der Nachempfinder hat auch stilistisch und im Rhythmus der
Prosa das Äusserliche von Schillers philosophischen Abhandlungen
zu treffen gewusst. Doch gerade die Auslassungen über den Reim
zeigen mehr das Bestreben, den leichten gefälligen Ton von Briefen
an eine Dame zu finden, als tieferes Eindringen und feine Beobachtung.

„Man hat bemerkt, dass es das Ohr angenehm kitzelt, wenn
nach bestimmten Zwischenräumen gleichlautende Endungen der
Wörter wiederkehren. Diese muss der Dichter also aufsuchen, und
oft einer einzigen wegen das ganze Gebiet der Sprache von Westen
bis Osten durchstreifen. Bei grosser Anstrengung körperlicher

---

[1]) Böcking VII, S. 98.

Kraft findet noch ein gewisses erhebendes Gefühl statt: aber was
kann für den langweiligen Fleiss, für die kleinliche Sorgfalt ent-
schädigen, womit ein vollendetes Gedicht allmählich zusammen-
buchstabirt wird? Wie muss dies alles den erhabnen Geist
demüthigen, der des Umganges mit Göttern gewohnt ist! Gewiss,
der Fluch der Mühseligkeit, der sich über alles menschliche Thun
verbreitet, drückt ihn vorzüglich hart. Auch an ihn ergeht eine
drohende Stimme: Im Schweisse deines Angesichts sollst du Verse
machen! Mit Schmerzen sollst du Gedichte zur Welt bringen".
Und dabei muss er sich noch den Anschein der Leichtigkeit geben.
„Du glaubst, er ruhe wollüstig auf Rosen, während er sich auf
dem Bette des Prokrustes peinlich dehnt oder krümmt."

„Freilich gelingt es nicht immer damit. Irgend ein hart-
näckiges Wort will nicht aus seiner Stelle. Ein Reim, ein ein-
ziger, unerbittlicher Reim ist hinlänglich, um ihn in dem kühnsten
und glücklichsten Fluge aufzuhalten. Stundenlang ruft er diese
spröde Echo, ohne dass sie ihm antwortet. Ja nicht selten bricht
der geheime und anhaltende Zwiespalt zwischen Gedanken und
Ausdruck auf der einen, Sylbenmass und Reim auf der andern
Seite in so heftige Thätlichkeiten aus, dass er, unvermögend die
Rechte beider Parteien zu schonen, zu einem Machtspruch genötigt
wird, wodurch er es mit dem Ohr oder mit dem Geiste seiner
Zuhörer, oder auch wohl mit beiden verdirbt".

Und nun ist es der Schlegel von 1795 — in diesem Jahr erschien
der Aufsatz in Schillers Horen — der erklärt, dass gerade die
grössten Dichter ein gewisses Ungeschick zum Versbau verraten. **Reimfertigkeit**
Der selbständige Geist, der aus dem Innern schöpft, müsse bei **und Genie.**
jeder Umwandlung seiner Gedanken, der Form zuliebe, gewisser-
massen an seiner Person leiden.

„Nicht zum Dienen erschaffen, unterwirft er sich daher das
Sylbenmass; und sollte selbst der Ausdruck hier und da in's Ge-
dränge kommen, er bleibt unbekümmert dabei. Es ist zweifelhaft,
ob Dante und Shakspeare, auch in einem mehr gebildeten Zeitalter, sich um Tassos und Popens glückliche Geschmeidigkeit
beworben hätten, und noch zweifelhafter, ob es ihnen damit gelungen wäre. Wenn sich indessen jene unabhängige Fülle nicht
mit diesem Talent in derselben Organisation verträgt, so macht
sie es auch entbehrlich."

Am zweifelhaftesten ist es wohl, ob Schlegel dies in späteren Jahren auch noch zugestanden hätte.

Am Schlusse des ersten Briefes hatte Schlegel ein echt Herder'sches Programm aufgestellt [1]), er wollte zeigen, wie die Metrik „durch den unendlich verschiedenen Bau der Sprachen, in jeder eigenthümlich, und zwar sehr abweichend bestimmt" wurde. Zur Durchführung fehlten ihm, wie er selbst bescheiden gesteht, die Kenntnisse, die Vollendung des Aufsatzes jedoch, der in viel trockenerem Ton fortgeführt wurde, wäre zum Besten der Reimtheorie gewesen. Denn Schlegel betrachtet alles als von „unserer so wunderbar zusammengesetzten äusseren und inneren Organi-

Beobachtung, sation" abhängig, er will die Beobachtung zur Grundlage
physiologischer machen. So schliesst er sich auch der physiologischen Erklärung
Standpunkt. der Entstehung des Metrums, wie sie der von Herder so hochgeschätzte Hemsterhuys gegeben hatte, an [2]).

Ausdruck > Ge- Fein ist die Bemerkung, dass der Ausdruck nach innen
fühl. zurück wirke und das Gefühl selbst verändere, interessant und neu die Erklärung der Wiederholung, dieser Wurzel des Reims. „Die Sprache war (in den ältesten Zeiten) so äusserst arm an Worten und Wendungen, der Kreis der Vorstellungen so eng gezogen, dass man nicht vermeiden konnte, häufig auf eben dasselbe
Wiederholung < zurück zu kommen". Ein Standpunkt, der uns ganz vertraut
Armut. anmutet, so philologisch, so mechanisch ist er.

Die „Betrachtungen über Metrik. An Friedrich Schlegel" [3]) stammen aus der letzten Hälfte der neunziger Jahre, aus einer Zeit also, wo Wilhelm noch nicht mit derselben Verachtung wie in den Berliner Vorlesungen auf die empirische Psychologie herabsah, noch nicht hinter jeder Offenbarung der Schönheit das Symbolische suchte. Was er später so getadelt hat, die Beobachtung der Wirkungen auf die Sinnesorgane als

---

[1]) Die Briefe zeigen sich überhaupt stark von Herder'schen Ideen beeinflusst. Form und Inhalt werden für untrennbar erklärt, Poesie, Tanz und Musik machen in ihrem Ursprunge ein unteilbares Ganzes aus, die Forderung einer „Weltgeschichte der Phantasie und des Gefühls" wird gestellt.

[2]) Die Entstehung des Metrums wird (S. 133) aus der Regelmässigkeit des Herzklopfens, Atemholens, Gehens erklärt. Nach Hemsterhuys verdanken wir die Vorstellung des Zeitmasses den Wallungen des Blutes in der Nachbarschaft des Ohres. (S. 135.)

[3]) Böcking VII, S. 155 ff.

Grundlage der Aesthetik bei den englischen Empirikern, die Betrachtung des Einflusses der Gewohnheit auf den Geschmack bei den französischen Encyclopädisten [1]), das ist jetzt noch der sichere Ruhepunkt, von dem aus der feinhörige und geschmackvolle Mann, der gewiegte und gewandte Formenkünstler die Gesetze des Wohlklanges zu erlauschen versucht. Und der Klang ist ihm die Hauptsache, hinter die Prosodie muss sogar die Rhythmik zurücktreten; denn „Bloss sinnliche Eindrücke sind stärker, als die feinern ästhetischen", ästhetische Lust wird durch sinnliches Missvergnügen zerstört.

Klang : Rhythmus = sinnlich : ästhetisch.

Friedrichs Glauben an Klopstock will der bei Böcking zum erstenmal gedruckte Aufsatz zerstören. „Du schreibst mir über Bürger: «Es scheint mir etwas sehr Untergeordnetes zu sein, schön zu reimen in unsrer Sprache, die der höhern Harmonie empfänglich ist»", so beginnt er vielversprechend. Und als gerechten Lohn für seine „Impertinenzen" soll Friedrich eine Abhandlung in drei Teilen erhalten, über Euphonie, über Eurythmie und über den Reim. „Dieser ist mit beiden verwandt — es ist also wohl billig, dass man seine Theorie zuletzt vornimmt. Über den Reim möchte ich leicht allerlei zu sagen haben, was Du nicht vermuthest."

Wilhelm hat leider auch diesmal seine Absicht nicht ausgeführt, die Reimtheorie, in die das Ganze gipfeln sollte, fehlt gänzlich, von der Eurythmie besitzen wir nur „Fragmentarische Winke" über die Regeln des deutschen Jambus, nur die ‚Euphonie‘ ist abgeschlossen. Sie setzt sich mit Klopstock auseinander, der auf die verhältnismässige Menge der Vokale und Konsonanten Rücksicht genommen hat. „Das heisst die Sache wie ein Tuchkrämer abthun und die Sprachen nach der Elle messen", ruft Schlegel aus. Und nun sucht er ein unparteiisches Bild von den Klangmitteln der deutschen Sprache zu gewinnen.

Euphonie.

Ein unparteiisches, darum will er auch den Einfluss der Gewohnheit, der unser ästhetisches Urteil bestimmt, ausschalten. Er fordert vom Richter „Kenntnis einer Menge Sprachen, nicht bloss auf dem Papier, sondern nach dem lebendigen Vortrage; Biegsamkeit der Sprachorgane, um in fremden Sprachen die Aussprache täuschend nachahmen zu können; und dabei äusserste

---

[1]) Berliner Vorlesungen, herausg. von J. Minor. Neuere theoretische Schriftsteller über die Kunst. I, S. 48 ff.

Empfindlichkeit, um zu fühlen, was schwer und leicht auszusprechen ist; grosse Feinheit und gänzliche Unparteilichkeit des Ohres — also keine Muttersprache." Klopstock „hat ein wahrhaft deutsches Ohr — das heisst, eines, welches sich entsetzliche Dinge bieten lässt, ohne aufrührisch zu werden". „Ohrenhärtung" nennt Schlegel das Resultat der Gewöhnung an die deutsche Sprache. Er selbst besass die geforderten Eigenschaften allerdings in höherm Grade als Klopstock, den schönsten deutschen Konsonanten, den männlichsten zugleich, das r, nennt er einen Knurr- und Hundelaut. (Wer denkt da nicht an Vischer?)

Die Ansicht, dass unsere eigenen Sprachorgane die An- strengung mitempfinden, die einem Anderen das Sprechen macht, wird von modernen Physiologen geteilt. So erklärt Schlegel den Umstand, dass unserm Ohr missfällt, was unsern Sprachorganen schwer wird. Kräftig tritt er der Meinung entgegen, dass Vokale die Sprache weichlich machen. Sie sind vielmehr das einzige was in der Sprache tönt, und machen sie sonor, ohne Luft in den Bälgen klappern die Tasten nur, die Vokale allein beleben und beseelen die Sprache (Herder). Die Leidenschaften, wenn sie einen Menschen übermeistern, reden meist in blossen Vokalen, auch die widrigen, zerrüttenden, und ist das Geschrei eines Esels, einer Katze weichlich? „Jii-aa — Mi-aa-uu — sind das nicht Vokale?"

Dass die Konsonanten das Darstellende, die Vokale das Aus- drückende einer Sprache ausmachen, dass die Vokale das Innere ausdrücken, die Konsonanten ursprünglich mimische Handlungen sind, wer fühlt sich bei diesen Entgegensetzungen nicht an Herder, an J. Grimm, an Steinthals Charakteristik des Semitischen erinnert? Sie bilden ein notwendiges Zwischenglied. Und wenn Schlegel dann an das Verhältnis der Konsonanten und Vokale in den ver- schiedenen Sprachen Betrachtungen über den schnellen Verstand und die grosse Empfänglichkeit der Südländer, sowie über die treue Beharrlichkeit der Nordländer [1]) knüpft, so können wir zwar nicht immer beistimmen, müssen aber die Geschicklichkeit

Marginal notes:
Das deutsche Ohr.

Ohr : Sprach- organ.

Laut- charakteristik

---

[1]) „Es ist, als ob unsere guten Vorväter geglaubt hätten, die Beschreibung der Dinge durch Laute nie deutlich genug machen zu können. Es war ihnen nicht genug Einen Umstand an einer Sache zu fassen — sie packten ihrer drei oder vier auf einmal. Daher .... diese Schwerfälligkeit ... als könnten sie gar nicht fertig werden, sich gar nicht herauswinden." (Böcking VII, 164.)

im Charakterisiren, den feinen, funkelnden Geist immer und immer
wieder bewundern. Die Charakteristik der Konsonanten und Kon-
sonantenverbindungen ist teils Tüftelei, teils noch heute beachtens-
wert [1]). Die Eindrücke der Vokale werden mit Farbeneindrücken
verglichen, auch hier ein Stück Herder'sche Erbschaft, das aber
in den Händen des neuen Besitzers fremde Verwendung findet.
Er selbst nennt seine „Vokal-Farbentonleiter" eine Tändelei der
Phantasie und hat damit seinen Standpunkt gekennzeichnet. Sie
sieht folgendermassen aus: [2])

A,   O,   I,   Ue,   U,

rot, purpurn. himmelblau, violett, dunkelblau.

Das rote lichthelle A soll Jugend, Freude, Glanz ausdrücken.
z. B. Strahlen-Gewand, Klang, Adler. J, himmelblau ist der Vokal
der Innigkeit und Liebe, z. B. schlingen, Gespielen, Kind.

Während bei Herders „Übersetzung" einer Sinnesempfindung
in die andere eine dunkle Macht unbewusst Verwandtes vertauscht,
während Goethe mit jener sicher greifenden Hand, der sich selbst
das Wasser ballte, bald einen Sinn durch den andern erhellte,
bald durch wunderbare Mischungen zauberisch poetisches Hell-
dunkel zu verbreiten wusste, tändelt Schlegel phantastisch deutelnd
und vermag sich nicht mehr der Klangwirkung hinzugeben, sondern
lässt sich wider Willen von der Bedeutung beeinflussen. Wo
unsere Klassiker ihre Empfindung kräftig walten liessen, wo
unsere hyperästhetischen Modernsten die leisesten Regungen ihrer
überreizten Nerven beobachten und notiren, da tüftelt er spitz-
findig und geistreich. Auf die Charakteristik der Vokale kommen
wir noch bei Poggel und Grimm zurück; so subjektiv solche
Deutungen auch ihrer Natur nach sein müssen, sie bilden ein
wichtiges Element der Reimtheorie, eines, bei dem feiner Geschmack zur Geltung kommen kann.

In seinen Recensionen hat A. W. Schlegel sehr oft auf den
Reim Rücksicht genommen. In seiner Besprechung der römischen
Elegien (1796) [3]), spottet er über Popens gereimte Ilias — wieder
fällt uns Herder ein — und in dem Programme der Shakespeare-

Marginalia: Vokal-Farbon-tonleiter. — Ton : Farbe : Sinn bei Herder, Goethe, Schlegel.

---

[1]) Schlegel macht hier förmliche Tabellen.

[2]) Schlegel entschuldigt sich, dass kein vollständiger Regenbogen herauskommt.

[3]) Böcking X, S. 62.

übersetzung vom selben Jahre[1]) verspricht er wieder einmal eine

Antithese < eingehende Behandlung des Reims: „Um über die dramatische
Reimpaar. Untauglichkeit des Reimes, den das allgemeine Urteil in England
schon vor geraumer Zeit, später bei uns, von der Bühne verbannt
hat, gründlich zu entscheiden, müsste man wohl noch tiefer in
sein Wesen eindringen, als bisher geschehen ist. Das ist offenbar,
dass es sehr fehlerhaft ist, wenn er der Symmetrie einer ein-
tönigen Versart symmetrisch angehängt wird, wie in den französischen Trauerspielen." Auch in der Rezension der Goethe'schen
Episteln in der Horen von 1796[2]) lobt er den Hexameter mit der
Begründung, dass die paarweisen Reime Popens und Boileaus leicht
zu einer „allzu einförmigen Symmetrie von Sätzen und Gegensätzen"
verleiteten. Herder, Goethe, Schiller haben auf diese Eigenschaft
beim Alexandriner aufmerksam gemacht. Schlegel zeigt, dass auch
das Reimpaar sie habe, dass man sie jedoch nicht den gereimten
Maassen überhaupt vorwerfen und ohne gründlichere Untersuchung
zu einem Verdammungsurteil gegen den Reim im Trauerspiel schreiten
dürfe. Deshalb aber verteidigt er auch Shakespeares schlechte Reime
nicht[3]), wie er denn überhaupt in der ganzen Frage stets gerecht
und verständig geurteilt hat.

Weibl. Reime. Voll feiner Bemerkungen ist die berühmte schöne Charakteristik Bürgers. Wie später bei Besprechung des Sonetts schildert
hier Schlegel das Weiche weiblicher Reime, er zeigt an besonderen
Stellen die Wirkung des Reimes und tadelt es nur, wenn Bürger

Reim = Licht- diesen schönen Schmuck allzu oft und an Stellen anbrachte, die
punkt der ihrem Inhalte nach diese Hervorhebung nicht verdienten. Man
Darstellung. muss dies alles selber und mit Zuziehung der Bürger'schen Gedichte lesen, um den feinen Interpreten Schlegel kennen zu lernen.

---

[1]) „Etwas über William Shakespeare bei Gelegenheit Wilhelm Meisters",
Böcking VII, S. 59.

[2]) Böcking X, S. 61.

[3]) Er will sie jedoch, weil sie ein „eigenthümliches Kolorit" gaben, bei-
behalten; siehe Böcking VII, S. 63. Vieles von dem hier Gesagten kehrt fast
wörtlich wieder in der 27. dramaturgischen Vorlesung (Böcking VI, S. 207 ff.).
Es stellt fest, dass der Reim als Abschluss von Auftritten verwendet wird, die
Reimverse aber so allmälig kommen, dass sie nicht als Zeichen zum Klatschen beim
Abgang gelten können (Schiller?), ferner seien antithetische Sprüche und Stellen
voll Feierlichkeit und theatralischem Pomp gereimt. An Herder erinnert die
Besprechung der Reime im Sommernachtstraum und in Romeo und Julie. Der
Reim sollte da musikalisch wirken, blühendes Kolorit geben, siehe pag. 18.

Hier zeigt er sich auch als der geschmackvolle Uebersetzer, der prüft, wie Bürger sich gegen die Quellen seiner Dichtungen verhält und was für Veränderung des Inhalts die veränderte Form mit sich gebracht habe.

So heisst es in der kritischen Vergleichung der Ballade: „Die Entführung" mit dem englischen Original: „Im Englischen kommen die Vasallen über den Hügel geritten, im Deutschen durch Korn und Dorn herangesprengt. Wie kann man durch Korn und Dorn heransprengen? Die Vasallen werden doch nicht ihre eigenen oder ihres Herrn Kornfelder niedergeritten haben, was der Ausdruck „durch Korn" offenbar sagt, sondern ordentlich auf den Wegen und Pfaden dazwischen geblieben sein. Und vollends durch Dorn, dies möchte unbequem fallen. Der Reim, der allerdings in unserer Sprache in manchen sprichwörtlichen Redensarten Begriffe entgegenstellt und verbindet [1]), hat den Dichter verleitet und Korn und Dorn ist nur eine andere Art von Sang und Klang. Bürger hatte eine solche Vorliebe für diese Formel, dass in dieser einzigen Romanze ausser Korn und Dorn noch Laub und Staub, Rang und Drang, Kling und Klang und Ach und Krach vorkömmt" [2]). Fürwahr, diese verständige Kritik Bürgers von einem Mann, den man in Bezug auf Formfragen gewiss nicht nüchtern nennen kann, und der in dieser Charakteristik Bürgers als treuer Freund eine Rettung lieferte, lässt uns manchen spätern Rausch verzeihen.

In der „Zusammenstellung" „Matthisson, Voss und F. W. A. Schmidt" (1800) [3]) wiederholt Schlegel seinen Tadel, den er schon in der Rezension des Voss'schen Musenalmanachs von 1797 ausgesprochen hatte; es macht ihm einen „widrigen Kontrast" Erzeugnisse einer platten Laune in wunderliche Ausdrücke und seltene Reime gekleidet zu sehen [4]). Dann fährt er fort: „Unstreitig können dergleichen Reime selbst in edlem Styl von sehr guter Wirkung sein, wenn sie selbst edel und wohlklingend sind, wie lichte Punkte die Hauptmomente des Gedankens hervorheben,

---

[1]) Schlegel hat die Stelle bei Moritz gekannt, denn er zitirt die Prosodie oft, z. B. Böcking X, S. 403, VII, S. 29.

[2]) Ebd. VIII, S. 91, siehe auch S. 92, 98, (Nachdruck auf Stallbeschäftigung durch Reim getadelt).

[3]) Böcking XII, S. 72.

[4]) Vergl. ebd. X, S. 339.

Barocke Reim- und mit Nothwendigkeit an ihrer Stelle stehen. Wiederum wirft
wörter. der scherzende Dichter den Reim mit Fleiss auf barocke und
niedrige Wörter und lässt sich zum Schein von ihm beherrschen,
weil die poetische Form sich auf diese Art selbst drollig ironirt.
Führt aber der Reim in einem ernsthaften Gedichte ganz ernst-
haft das Regiment, brüstet er sich mit seiner Seltenheit und mit
nichts als seiner Seltenheit, ... so fürchte ich, dieses Verfahren
würde, offenherzig ausgesprochen, eine umgekehrte Poetik geben,
worin es hiesse: Das Dichten ist ein Mittel zum Versemachen;
das Versemachen zum Reimen, das Reimen hilft wieder allerlei
wunderliche Wörter und Redensarten an den Mann bringen,
welches der letzte und endliche Zweck von Allem ist" [1]).

Wenn Schlegel dabei noch das Auftreten gleitender Reime
— allerdings lobend — konstatirt [2]) glauben wir eine Charakteristik
und Verurteilung einer viel spätern Dichtungsart vor uns zu haben.
Was er bei Voss und Konsorten vermisst, dass die Reime die
Lichtpunkte der Darstellung seien, das findet er 1827 im Faust,
wobei die Bemerkung fällt, dass Reime sonst leicht zu Gemein-
plätzen werden.

Ist, wie wir gesehen haben, eine vollständige Darstellung von
August Wilhelm Schlegels Reimtheorie in den Ansätzen stecken
geblieben und haben uns die Rezensionen nur gezeigt, mit wie
feinem Geschmack er immer das Verhältnis des Reims zum Inhalt
berücksichtigte, so geben seine Berliner „Vorlesungen über
schöne Litteratur und Kunst" ihm Gelegenheit, alles vorzu-
bringen, was er über den Reim auf dem Herzen hat. Dabei ist es
Wirkung des ihm nie um den Ursprung oder den psychologischen Erreger des
Reims. Reims zu thun, sondern hauptsächlich um seine ästhetische Wirkung.
Und der symbolistische Standpunkt, den Schlegel jetzt einnimmt,
trägt oft mehr zur Sonderbarkeit als zum Wert seiner Äusserungen bei.

Vom ersten Teil der Vorlesungen (1801—1802) ziehen sich
noch viele Fäden zu Herder und zu den früheren metrischen

---

[1]) Böcking XII, S. 79, vergl. auch die „Reime von Asbest" im „Wettgesang"
S. 80, und die übermütig tolle Sammlung von Reimen auf Spanien: Kastanien
S. 85. (Anhang von 1828). Nebenbei wiederholt er den Satz seines Bruders Friedrich
von der entgegengesetzten Tendenz der antiken und modernen Maasse, S. 76.

[2]) Ebd. XII, S. 76.

[3]) „Etwas über William Shakespeare bei Gelegenheit Wilhelm Meisters.
Zusatz S. 182 f", XII S. 66.

Arbeiten hinüber. Bei der Betrachtung der Symmetrie [1]), die als
Verkündigerin eines geschlossenen selbständigen, sich selbst be-
stimmenden Ganzen aufgefasst wird, als eine kleine Welt,
sehen wir den Einfluss Schillers auf die Formulirung Herderscher
Ideen; bei allem Geist, bei aller Klarheit der Definition aber
wird uns klar, wie Schlegel zwar einen Gedanken in schöne
Form zu bannen versteht, wie ihm aber jene Leidenschaft der
Erkenntnis fehlt, die alles, was sie erreichen kann, an sich rafft
und mit innerem Feuer durchglüht. Er erklärt, aber er belebt
nicht.

Auch das gleichzeitige Entstehen der akzentuirenden gereimten
Poesie und des Kirchengesangs ist wie bei Herder erklärt [2]), nur
dass Schlegel eingehendere Kenntnis der Geschichte der Musik
zeigt. Was Schlegel über den Rhythmus zu sagen hat [3]), ist auch
nur eine weitere Ausführung seiner auf Hemsterhuys ruhenden
Erklärung, und wenn die Musik die Leidenschaften reinigt, indem
„sie selbige ohne Bezug auf Gegenstände, bloss nach ihrer Form
in unserm innern Sinn darstellt" und sie „nach Abstreifung der
irdischen Hülle in reinerem Aether athmen" lässt [4]), so erblicken
wir hier Wackenroders Auffassung in einem Spiegel, in dessen Rand
der gewandte Eklektiker gar zierlich Aristotelische und Herdersche
Arabesken eingeschliffen hat. Ebenso wiederholt das geistvolle
Kapitel über die Tanzkunst [5]) Herders Theorie von der gleich-
zeitigen Entstehung von Musik, Poesie und Tanz.

Auch der Absatz über den Wohlklang, der nur skizzirt ist,
hätte uns in seiner Ausführung nichts Neues gebracht; er ist, wie
er uns vorliegt, nur ein Auszug aus dem Abschnitt „Euphonie"
in den „Betrachtungen über Metrik" und dass Quantität und
rhythmische Silbenmasse korrespondirende Begriffe, Silbenzahl
und Herrschaft des Akzents und Reim Correlata sind, hören wir
nicht zum erstenmal [6]).

Reim <
Kirchengesang.

Musik : Poesie :
Tanz.

---

[1]) Minor I, S. 167 ff.
[2]) Minor I, S. 241.
[3]) I, S. 247.
[4]) I, S. 249.
[5]) I, S. 257 auch S. 315 spricht er von „der Einen untheilbaren Urkunst,
die zugleich Poesie, Musik und Tanz ist".
[6]) I, S. 317.

Mit einer unerwarteten Fülle aber überschüttet uns die Skizze einer Reimbetrachtung gegen den Schluss des letzten Teiles[1]). Wie viel Neues bergen diese kurzen Sätze! Dass der Reim Ver-

einigung der Alliteration und der Assonanz, Synthesis des nachahmenden und musikalischen Prinzips bringt und der poetischen Sprache darum angemessener ist, als eines von beiden allein,

dass die Alliteration einen Vers bindet, Assonanz durch das Ganze als musikalischer Hauptton geht, der Reim zwischen beiden steht (also Strophen bindet), dass die Alliteration endlich nicht tote grammatische Künstelei, sondern bei sehr rohen Nationen üblich sei, das sind durchwegs neue, scharf charakterisierende Sätze. Wenn sich Schlegel über den „spielenden Gebrauch der Alliteration zum Nachahmenden, Mimischen und Burlesken" näher ausgelassen hat, so hat er sicher auch Bürger nicht unerwähnt gelassen; überhaupt müssen wir und können wir auch manches, was nur angedeutet ist, ergänzen, ohne Gefahr zu laufen, dass wir mehr hineinlegen, als darin ist. So wenn er, nach der Definition des Reimes als „Gleichlaut der Vokale und Konsonanten von einem akzentuirten Vokale an" und nach der Einteilung in männliche, weib-

liche und gleitende Reime, folgendermassen fortfährt: „Vielsilbigere Reime sind wohl möglich, aber von geringem Gebrauch. Warum? Verkündigerin, Entsündigerin. Wie er am Ende der Wörter sich befindet, so ist auch seine natürlichste Stelle am Ende der Verse, wegen der volleren Artikulation und Modulation". Da stehen wir vor der Frage: Wie hat Schlegel den geringen Gebrauch vielsilbigerer Reime erklärt? Aus ihrer Schwierigkeit und Seltenheit heraus? Das wohl nicht, denn er, der Formenkünstler fand gewiss den grössten Reiz darin, solche Hindernisse zu überwinden. Auch sein weichliches Ohr hatte gewiss nichts einzuwenden: wir erinnern uns, dass er die Einführung gleitender Reime durch Voss gelobt hat. So ist es wahrscheinlich, dass ein zu weites Zurückrücken ihm das, was er als zum Wesen des Reimes gehörig erachtete, die „vollere Artikulation" zu schädigen schien. Und wenn eine solche unausgesprochene Behauptung das Mittelglied zwischen dem „Warum" und dem folgenden Satze bildete, dann ist der Beginn desselben, „Wie er am Ende der Wörter sich befindet", viel motivirter; denn in dem Muster „Verkündigerin, Entsündigerin"

---

[1]) I, S. 326 f.

befindet sich der Reim oben nicht am Ende des Wortes. Hypo-
thetischer wäre eine Ausführung des Kapitels über „eingeschaltete
Reime, ihre Wirkung". —

Und in seinen Vorlesungen hat dann Schlegel, wie wir sehen, Verknüpfung,
Erwartung und
Befriedigung.
auf eingehende Weise die „Wirkung des Reimes überhaupt"
behandelt. „Verknüpfung, Paarung, Vergleichung. Erregte Erwartung schon im einzelnen Verse und Befriedigung. Erinnerung
und Ahndung, statt dass die alte Rhythmik immer in der Gegenwart fest hält, und allen Theilen gleiche Dignität gibt. — Daher
liegt im Reime das romantische Prinzip, welches das Entgegen-
gesetzte des plastischen Isolirens ist. Allgemeines Verschmelzen,
Hinüber und Herüberziehen, Aussichten ins Unendliche. — Auch
das Geistige und Hörbare an den Wörtern verknüpft der Reim
weit inniger als der Rhythmus. Daher seine leisen, unnennbaren
Zaubereyen. Geschworene Reime und seltene. Echo. Aufgegebene Aufgegebene
Rätsel.
Bizarre Reime.
Räthsel. Bizarre Reime im Burlesken." —

Hier ist das Romantische des Reims hervorgehoben; auch
die antiken Maasse erregen und befriedigen die Erwartung [1] jedoch
nicht einzelne Verse, sondern Strophen stehen sich dort gegenüber und Erregung wie Befriedigung werden plastisch isolirt,
nur diejenigen Eigenschaften des Reimes aber sind geschildert,
welche das Verbindende, Verschmelzende ausmachen, und Schlegel,
der so oft, wie wir wissen, von der antithetischen Eigenschaft
des Alexandriners gesprochen hat, der so fein fühlt, wie sehr der
Reim zur scharfen Pointirung dienen und wie er abgrenzen kann,
vergisst dies für einen Augenblick, um nur an Paarung und Vergleichung zu denken, nur an die Beziehungen, die er knüpft.
Viel Geistreiches mögen die Ausführungen über geschworene
(häufig vorkommende) und seltene Reime enthalten haben, was
er über bizarre Reime und ihre Beschränkung aufs Burleske zu

---

[1] Im 2. Teile der Vorlesungen II, S. 233 macht er auf das Aufregende
und Beruhigende antiker Maasse innerhalb einzelner Strophen aufmerksam,
doch nicht einzelner Verse, sondern Versperioden, Anfang und Schluss der
Strophe stehen sich gegenüber. Übrigens können ja schon die einzelnen Füsse,
je nachdem sie steigend oder fallend sind, einen aufregenden oder beruhigenden
Eindruck machen (I, S. 320) und aus demselben Grund gefiel ihm innerhalb
der einzelnen Silben die Folge: Konsonant + Vokal = Bezeichnendes +
Gefühl = Beschäftigung + Ruhe am besten (Böcking VII, S. 167).

sagen hat, wissen wir schon lange. Es fehlt die ausführliche Besprechung der „Richtigkeit, Euphonie, Bedeutsamkeit". Doch da
es dann weiter heisst: „Hauptbegriffe und Bilder, die das Ganze
repräsentieren. Natürliche Anlagen zum Gedankenreim in den
verschiedenen Sprachen. Akzentuirte Biegungssilben. Im Deutschen
Wurzelwörter" — so können wir seine Ansichten über Bedeutsamkeit leicht ergänzen. Wir haben es mit „Gedankenreimen" zu
thun, wenn die Hauptbegriffe und Bilder durch Reimwörter, die
„Lichtpunkte der Darstellung", ausgedrückt werden [1]. Die Anlage
dazu ist in den romanischen Sprachen, wo die Flexionssilben
reimen, geringer, als in den germanischen, wo die Wurzeln Träger
des Reimes sind.

Auch die „Rückwirkung (des Reims) auf den Vers" brachte
Schlegel in dieser Vorlesung zur Sprache. „Heraushebung der
Accente. Der Reim Hauptaccent, bei kurzen Versen der einzige,
bei längern Anordnung der übrigen. Alexandriner und 10 oder
11sylbiger Vers." — Hier scheint nichts zu ergänzen, wir können
erraten, dass Schlegel, wie bei den antiken[2]), auch bei den
modernen Versen eine Cäsur für notwendig hielt, wenn sie eine
gewisse Länge überschritten. Für solche Reimverse mit Cäsur
wählte er den Alexandriner, für kürzere den 10- oder 11-silbigen
jambischen Vers, den er für einen echten Reimvers hielt[3]), zum
Beispiel.

Marginal notes (left):
Gedankenreim < dtsch. Wurzelbetonung.
Reim : Vers.

---

[1]) Anders ist der Bilder- und Gedankenreim bei Erklärung der Sestine
(III, S. 227) definiert, dort ist er eine Gleichstellung oder Entgegensetzung von
Begriffen, nicht von Klängen, siehe S. 72. Eine bemerkenswerte Stelle
(III, S. 221) verlangt die Bedeutsamkeit aus einem andern Grunde: „Der Reim
fordert eigentlich immer eine kleine Pause am Schlusse des Verses, denn er
wird nur durch das Verweilen hörbar, nicht als ob immer ein Komma nach
dem Reim folgen müsste, vielmehr kann es eine musikalische Schönheit sein,
wenn dies nicht ist, und die Bedeutsamkeit des Wortes und Lautes dem
ungeachtet zu einem ähnlichen Verweilen nötigt. Desgleichen ist es ganz bestimmt fehlerhaft, Partikeln, die gar nicht für sich allein bestehen können, ein
und und dergleichen, zu Reimwörtern zu wählen, wenn es nicht etwa in burlesken Gedichten mit Absicht geschieht.

[2]) Siehe I, S. 321.

[3]) Siehe Böcking XII. S. 135, wo er erklärt, dass die reimfreien Jamben
völlig die Natur gereimter Jamben behielten, und wo er sich gegen die Bezeichnung
Jamben wendet „man sollte sagen zehnsilbige Verse mit männlichem Schluss,
elfsilbige mit weiblichem."

Auch die „Verschlingung der Reime" im Gegensatze zur „Stellung unmittelbar nacheinander" gelangt zur Behandlung. „Alterniren. Regelmässiger Wechsel männlicher und weiblicher Reime. Warum im Französischen eingeführt" [1] — heissen die folgenden Schlagworte. Sie werfen scharfe Lichter auf das Verhältnis französischer und deutscher Reimkunst. Während beim Alexandriner oder Reimpaar (oder auch bei einfachen gekreuzten und umarmenden Reimen) das natürliche Bedürfnis nach Abwechslung durch Alterniren männlicher und weiblicher Reime befriedigt werden muss, sorgt eine künstliche Verschlingung schon selbst für die nötige Abwechslung und macht alles andere überflüssig. Daher heisst es auch „Abzuschaffen, wo künstlichere Verschlingungen gebraucht werden, wo erst das romantische Prinzip der Verknüpfung recht sichtbar wird." Diese künstlicheren Verschlingungen gehen mit ihrem feinen Zauber einem stumpfen Gehör verloren, darum verlangt Schlegel „Übung des Ohrs dazu."

„Wert des Reimes. Reime dich, oder ich fresse dich. — Klopstocks Reimverfolgung. Geschichte. Erfindung." Diesen Plan zu einer Würdigung und Geschichte des Reimes fügt Schlegel in Klammern hinzu. Er hatte wiederholt bei Behandlung der Metrik Anläufe zu einer Geschichte der Theorie derselben genommen, Klopstock, Hermann, Moritz zitirt u. s. w.; auch hier zeigt er sich von Herder beeinflusst, doch können wir nicht feststellen, wie weit er seine Geschichte der Reimtheorie ausgesponnen hat.

Die Bearbeitung der gereimten Silbenmaasse nach den Holländern und Franzosen oder die Alexandriner und die deutsche Gründlichkeit dabei, die Bearbeitung der gereimten Versarten in neueren Zeiten nach den Italienern und Spaniern; die Stanze, das Sonett und die Terzine, die durchgängigen weiblichen Reime, die mit dem Beispiel der Spanier gegen Einwendungen verteidigt wurden, kamen noch zum Schlusse zur Sprache, Schlegel führte also seine Geschichte bis in die Gegenwart und indem er verteidigt, was er und seine Schule neu eingeführt oder wenigstens eifrig gepflegt haben, gab er ihr eine polemische Spitze. Und an diese energische Verteidigung der romantischen Form schliesst sich bezeichnend

---

[1] Auf diesen Wechsel männlicher und weiblicher Reime in den französischen Oden-Silbenmaassen macht Schlegel auch bei Besprechung der Canzone (III, S. 220) aufmerksam.

Wortspiel:Reim. genug eine „Apologie der Wortspiele". Nur ungerecht würden
sie verachtet, die Poesie sei überhaupt ein Spielen mit Worten,
das Wortspiel tue das im einzelnen, was die Poesie an der Form
der ganzen Sprache, es sei Spiel im Spiel.

　　Und nun kommt Schlegel zu der schon von Herder erkannten Verwandtschaft des Wortspiels mit dem Reim[1]),
„Analogie mit dem Reime: Die materiellen Bestandteile begründen
bei diesem eine poetische Beziehung. — Forderung, dass die
Sprachzeichen eine Aehnlichkeit mit dem Bezeichneten haben
sollen. Befriedigung durch poetische Behandlung im Ganzen. Das
Wortspiel geht einen näheren Weg und legt Beziehungen hinein,
die in der Ableitung und im wahren Bau des Wortes nicht liegen."
Diese Andeutungen führen schon auf den Weg, den Goethe später
in den Noten und Abhandlungen gegangen ist. Doch hat dieser
durch Selbstbeobachtung gezeigt, wie Geist und Leidenschaft
blitzschnell und unbewusst mit dem Sprachmaterial schalten und
Beziehungen herstellen, während es Schlegel anscheinend wieder
einmal darum zu thun war, eine klare und scharfsinnige Definition
zu geben und Reim und Wortspiel sauber auseinander zu halten.
Dass ihm auch Goethes Erklärung nicht fern lag, zeigt sich, wenn
er weiter unten von der „Reizbarkeit des Gemütes in der Leidenschaft für die feinsten sinnlichen Beziehungen" spricht, ebenso
wie ihm die „Empfänglichkeit der Phantasie und des Gefühls für
die entferntesten Verwandtschaften" nicht fremd ist, und er die
nötige „schnelle Gegenwart des Geistes" nicht unerwähnt lässt.

　　Überhaupt lockte diese Skizze einer historischen Betrachtung
des Wortspiels — auch die Wortspiele im alten Testament sind
nach Herders Beispiel behandelt — zu einer weitern Ergänzung
und Ausführung, kann doch eine theoretische Behandlung des

---

[1]) Schade, dass Haym sein schönes Buch über die romantische Schule
nicht nach seinem Herder schrieb, wir besässen das Ideal einer deutschen
Geistesgeschichte bei der tiefgehenden, die feinsten Fäden verfolgenden und
aufdeckenden Art Hayms. Auch an dieser Stelle würde er dann wahrscheinlich
die Äusserungen Schlegels über das Wortspiel nicht getadelt, sondern sie als
Ausführungen von Herders Gedanken über das Wortspiel im „Geist der hebräischen Poesie," erklärt haben. Ganz gewiss geht die Stelle über Shakespeares
Wortspiel, wobei auch vom Verhältnis des Wortspiels zum Reim etwas erwähnt
wird, auf Herder zurück. Siehe Böcking VI, S. 193 ff.

Reims, die nicht bloss vom Reimvers, dem organisirten Gleichlaut, sondern vom Urelement, dem Gleichlaut überhaupt seinen Ausgang nimmt, über das Wortspiel gar nicht hinweggehen. Aber fast hat die notwendige Ergänzung der Schlegelschen Reimskizze zu viel Raum eingenommen.

Der zweite Teil der Schlegel'schen Vorlesungen, die „Geschichte der klassischen Litteratur (1802—1803)" bringt uns selbstverständlich nur wenige vereinzelte Aeusserungen über den Reim und meistens nur solche, die früher Gesagtes wiederholend bestätigen. Auch hier, wie in den „Briefen über Poesie, Silbenmaass und Sprache" wird betont, dass nicht die Beherrschung der äussern Form den Dichter macht. „Ein Sonett? Kleinigkeit. Ja, wenn gefordert würde, dass sich nicht bloss die Endsilben, sondern alle übrigen in den Versen, vor und rückwärts, hinauf und hinunter mit einander reimen sollten, sie würden ebenso geschwind damit fertig sein: natürlich, weil sie keine langen Unterhandlungen mit ihren Gedanken abzutun haben". Auch hier, wie in der Rezension von „Hermann und Dorothea" [2]), nennt er die metrische Wiederkehr das „Beharrliche im Wechselnden, gleichsam den Pulsschlag des geistigen Lebens, das poetische Selbstbewusstsein" [3]). Dann aber kommt noch etwas neues hinzu. Die lyrischen Maasse sind individueller, jeder Gesang hat seinen Ton, seine Weise. Die metrische Wiederkehr ist nicht so einfach und fasslich, folgt nicht so schnell auf einander, wie in den objektiven Gattungen. Ebenso aber, wie in der alten Poesie dem einfacheren Bau die mannigfaltige Verwendung entspricht, reicht in den gereimten Versarten der romantischen Dichter „die einfache, sich immer wiederholende Anordnung der Reime in der Oktave und in der Terzine für Gedichte vom grössten Umfange hin", während Canzone und Sonett die verschlungensten Reimstellungen darbieten.

Auch die Symmetrie wird wieder in Betracht gezogen; wir erinnern uns an ein Fragment Friedrichs, wenn von Racines „Symmetrie der Situationen und Sentenzen" die Rede ist [4]).

Marginalien: Reimer. Wiederkehr = Beharrliches in Wechselndem. Antik ‖ modern. Symmetrie.

[1]) I, S. 27.
[2]) Siehe pag, 49, Anm. 3.
[3]) II, S. 236. Hier ist die Schiller'sche Formel noch mit Hemsterhuys' physiologischer vom Pulsschlag verquickt.
[4]) II, S. 389, vergl. pag. 48 f.

Ebenso betrachtet er die „tändelnde Symmetrie zwischen den
beiden Hälften des Pentameters" bei Ovid [1]), sowie den Einfluss
desselben auf die Pentameter von Goethes römischen Elegien [2]).

„Fesseln des
Reims."

Dass Trissin wie Milton die poetische Sprache „von den
Fesseln des Reims" befreit haben, erregt Schlegels Hohn, da
beide für die schönen gereimten Formen nichts Würdiges zu
substituiren wussten [3]). Für Schlegel war eben die schwierige
Form keine Fessel, sie adelte selbst das Machwerk des Dichterlings,
das wenigstens mit einem Schein des Lebens als Sonnenstäubchen
in dem Lichtstrahl poetischer Formen herumgaukelt und uns
nicht auf so eckelhafte Art wie die Prosa in „das terrestre Element" hinabzieht [4]).

Äussere Form ‖
Innere Form.

Auch Malherbes Reime [5]), Absinthus Labyrinthus — Parque
marque, entgehen Schlegel nicht; er findet, sie seien bizarren und
kühnen Bildern entsprechend und weiss hier ebenso wie in der
Araucana des Don Alonso da Ercilla [6]), wo bei der frei
dahinströmenden Darstellung die gewöhnlichsten und leichtesten
Reime gewählt sind, den Zusammenhang der äussern und innern
Form nachzuweisen.

Wir kommen zum dritten Teil der Berliner Vorlesungen,
zur Geschichte der romantischen Litteratur. Hatte Schlegel
schon im ersten Teil, in der Kunstlehre, seine Reimtheorie skizzirt
und im zweiten Teil, der Geschichte der klassischen Litteratur, bei
der Verfolgung antiker Einflüsse bis in die neueste Zeit die Gelegenheit wahrgenommen, den Reim in verschiedenen Werken
romantischer Dichtkunst zu charakterisieren, immer waren es
feine, individuelle Bemerkungen, die uns erfreuten, auch wo wir
ihnen nicht zustimmen konnten. Der dritte Teil aber, 1803—1804
entstanden, hat trübe Zuflüsse aufgenommen. Tiecks „altdeutsche
Minnelieder" waren erschienen [7]) und Schlegel akzeptirt einige

---

[1]) II, S. 279 (semibovemque virum, semivirumque bovem).
[2]) II, S. 290.
[3]) II, S. 203 und 211.
[4]) II, S. 27.
[5]) II, S. 264.
[6]) II, S. 204.
[7]) Siehe pag. 45 ff.

der anfechtbarsten Behauptungen, ferner aber lässt er die mystische
Spekulation und Ausdeutung einen Einfluss auf seine Erklärung
der gereimten Strophen gewinnen, der manches Schöne und Ge-
deihliche erstickt.

Wenn Herder aus seiner ganzen Weltansicht heraus den
Reim überall entstehen lässt, so sind es bei Schlegel ganz andere
Gründe, die ihn veranlassen, das Vorkommen von Reim und Assonanz
bei den alten Deutschen schon immer und immer wieder zu betonen.
Ihm ist ein solcher Nachweis nur ein Mittel, alle Einwände gegen
die Assonanz zurückzuweisen.

Er wendet sich vor allem gegen die Ansicht, als habe Otfried
den Reim zuerst eingeführt. Das Ludwigslied, das er „Ungelehrten"
zuschreibt, muss ihm als Beleg dienen, dass wir es hier mit
einer lange vor Otfried üblichen Sangesweise zu tun hätten[1]).
Mit Behagen berichtet er, dass die Reime oft ungenau, dass sie
Assonanzen seien. „Diese kurzen gepaarten Zeilen", sagt er bei
Besprechung des Annoliedes[2]), „blieben bis auf wenige Ausnahmen,
das ganze Zeitalter der Minnesänger hindurch, ja mit einigen
Modifikationen bis gegen Ende des 16. Jahrhunderts, die für die
epische und überhaupt für alle längeren Gedichte der Deutschen
bestimmte Versart; zum sichern Beweis, dass es eine ursprüng-
liche und einheimische Naturform war, an der man so fest hing".
Auch Schlegel spricht, ganz Tieck'sch, von „treuherziger Kraft",
auch ihm scheinen „einige dunkle und tiefe Töne" „die grössere
Innigkeit zu bezeichnen"; auch er glaubt an die grösste Freiheit
und Willkür in Veränderung der Worte „zum Behuf des Verses
und zur Nuancirung des Ausdrucks". Und wenn er das zarte
Ohr „in Ansehung der Reime" rühmt, die künstlichen Verschlingungen[3]), so glauben wir Tiecks Vorrede zu lesen. „Neben
dem Reim", fährt er fort, „findet man sehr kenntliche Spuren von
der Assonanz. — Dieses mögen sich, im Vorbeigehen, diejenigen
merken, welche über manches im Deutschen neuerdings Versuchte
als über unerhörte Neuerungen schreien und dadurch bloss ihre

Otfried.

---

[1]) III, S. 43.
[2]) III, S. 44.
[3]) III, S. 49.

Unwissenheit verraten" [1]). Hier ist die Tendenz unverkennbar. Die „Liebe und Sehnsucht der Töne, welche sich in dem freundlich antwortenden Echo des Reims ausdrückt", erinnert wiederum an Tieck [2]).

Philologische Aufmerksamkeit. Natürlich wendet Schlegel auch jetzt noch dem Reim bei den meisten Werken, die er bespricht, eine beinahe philologische Aufmerksamkeit zu, — er zieht das Verhältnis unvollkommener **Reim : Inhalt.** Reime und Assonanzen zum Inhalt in Betracht [3]), wie dasjenige zum Schwung und Wohllaut der Sprache [4]), wie die Zahl männlicher und weiblicher Reime und die Bindung durch einen Gleichlaut [5]), oder die seltenen Reime des Troubadours [6]) und die damit zusammenhängenden dunklen Anspielungen und spitzfindigen Wendungen. Und die Erwähnung der Minnesänger gibt ihm Gelegenheit zu dem Mahnruf, man möge von ihren schönen Reimweisen etwas lernen. Der Reim sei in der letzverflossenen Epoche der Poesie „ziemlich seelenlos gebraucht und weder im Charakteristischen noch im Musikalischen seine Tiefe ausgeschöpft worden". Erst die Einführung der italienischen und spanischen Formen habe wieder angefangen, den Sinn dafür wieder zu wecken. Auch darum wäre es wichtig, die Überbleibsel der provenzalischen Poesie kennen zu lernen, weil wir ihre ausgestorbenen Formen bei uns einbürgern könnten [7]).

Welcher Wert ist da auf den Reim gelegt, auf die äussere Form, die mit der innern im Verhältnis innigster Wechselwirkung steht; denn gegen oberflächliches seelenloses Reimgeklingel wehrt sich ja Schlegel ebenfalls.

---

[1]) III, S. 50. An einer späteren Stelle (III, S. 132) bei Besprechung des ‚Rosengartens' stellt er allerdings Tiecks Behauptung, dass die Nibelungenverse in der Mitte immer eine Assonanz gehabt haben, als hypothetisch hin.

[2]) Tieck selbst wird übrigens zitirt III, S. 182, und zwar seine zarten Hauche und Seufzer der Liebe, sein Labyrinth lieblicher Anklänge.

[3]) III, S. 167.

[4]) III, S. 181.

[5]) III, S. 180. Wir erinnern uns, dass Schlegel am Schlusse des ersten Teils der Berliner Vorlesungen die durchgehende Assonanz mit einem musikalischen Hauptton verglichen hatte, hier sagt er dasselbe verallgemeinernd vom Gleichlaut, also auch dem Reim im Ghasel.

[6]) III, S. 184.

[7]) III, S. 183.

Doch erst in den „grossen Formen der romantischen Lyrik"
— die lyrischen Formen zeigen ja auch bei den Alten erst die
ganze Energie und Tiefe des rhythmischen Prinzips — findet er
den Reim „bis an die Grenze seines Gebiets geführt und sein
Geheimnis ganz ausgesprochen [1]". Er schildert das Sonett, zuerst
seine äussere Form. Dann aber geht er auf die verbindende
und trennende Wirkung des Reimes über, der Reim verbindet durch die reimenden, trennt durch die nichtreimenden
Verse [2]). Daraus leitet er die Notwendigkeit der Regeln des
Sonetts ab und sucht, wie er selbst gesteht, so viel wie möglich
mathematisch zu konstruiren. Kein Wunder, wenn aus diesem
„so viel wie möglich" ein Zuviel wird. Die geometrische Kon-
struktionsart erscheint ihm die angemessenste. Nach der Form
des Kubus wird das Quartett, nach dem Schema des Triangels
werden die Terzette konstruirt.

Bei derlei Versuchen ist es natürlich, dass auch die Symmetrie in Betracht gezogen wird, und hier sehen wir denn, wie
auch diese Bestrebungen Schlegels auf Herder zurückgehen. Es
fehlen weder Figuren noch der Vergleich mit einem Gebäude;
wie Herder das Schöpfungslied als Zelt aufschlägt, so baut sich
für Schlegel das Sonett gleich einem Tempel auf, gleich einem
länglich viereckigen Tempel, die Seitenwände von der schlichtesten
Bauart und ohne Verzierungen, mit stützenden Säulen und deckendem
Giebel, von reichster architektonischer Pracht und einfacher
Würde.

Dass der Reim Erwartung und Befriedigung, Rätsel und
Lösung ist [3]), wissen wir schon aus dem ersten Teil. Viel in-

Marginalia: Verbindend und trennend.

Marginalia: Symmetrie.

---

[1]) III, S. 207.

[2]) Dies scheint ein Widerspruch, man sieht nicht ein, wie der Reim durch
die nichtreimenden Verse trennen soll; aber diese sind in gereimten Versen
gleichsam eine betonte Negation des Prinzips und überdies sind hier sicher die
Verse nichtreimend genannt, wenn sie zwei reimende trennen, selbst aber mit
andern reimen, in a : b : a : b sind also a und b reimend und nichtreimend,
bindend und trennend zugleich.

[3]) „Man kann den Reim noch aus einem andern Gesichtspunkte betrachten,
als eben geschehen. Jeder zum erstenmal Vorkommende ist nämlich eine angeregte Erwartung, ein aufgegebenes Rätsel: Wie wird der Fortgang des
Gedankens mit dem Gleichlaut zusammentreffen? und der antwortende Reim

Reim & Paral-
lelismus. teressanter ist es, dass Schlegel bei Betrachtung der Sestine den
Herder'schen Gedanken aufgreift, dass dem Reim und dem Parallelismus ein verwandtes Prinzip zu Grunde liege.

Und nun spricht er ein Wort zu Gunsten des reichen Reims;
Reicher Reim. Französischem Einfluss verdankten wir sein Verschwinden, „die
Italiener, subtiler in der Bemerkung des Ungleichartigen bei der
Aehnlichkeit", reimen dieselben Worte, wenn sie zu einer andern
grammatischen Klasse gehören. Und Wilhelm Grimm vorauseilend,
der ja auch (freilich gestützt auf die Gewissheit, dass auch im
Deutschen eine ältere Zeit freier war), Vorteile von der Sprengung
zu straffer Fesseln erhoffte, spricht Schlegel die Ansicht aus, wir
öffneten unserer Poesie eine reiche Quelle von Schönheiten, wenn
wir die Italiener hierin nachahmten [1]. In der Sestine sei nun,
wie Schlegel scharfsinnig ausführt, das Ungleichartige bei der
Gleichheit noch um eine Stufe weiter zurückgeschoben, es findet
meistens bloss in den verschiedenen Wendungen und Verknüpfungen
der wiederholten Wörter statt und zwar nicht innerhalb der
Strophen, wird in diesem „laxeren Sinne" gereimt, sondern bloss die
Strophen unter einander reimen. Dabei nennt Schlegel die übliche
Gleichsetzung und Entgegensetzung der sechs Schlusswörter einer
Bilder- und Strophe eine Art Bilder- oder Gedankenreime, erkennt also
Gedankenreim. eine Verwandtschaft des Vergleichs und der Antithese mit dem
Reim. Allerdings scheint mir dies mehr durch einen geistreichen
Vergleich als durch tieferes Erfassen des Wesentlichen und Ge-
meinsamen zu geschehen [2].

---

ist hievon die Lösung" (III, S. 215). Der Satz, dass Reime Erwartung erregen,
ist dann auch noch bei Erklärung der Canzone benutzt (III, S. 221 f.), wo er
mit dem Satze von der Aufregung und Beruhigung kombinirt wird. Weite
Entfernung der Reime steigert zum Anfang die Erwartung, ein Couplet am
Schluss beruhigt.

[1] III, S. 227. Bei reichen Reimen kann der „Unreim", wie Hildebrand
(Zft. f. d. U. V., S. 577 f.) den notwendigen ungleichartigen Bestandteil der
Reimwörter nennt, ins geistige Gebiet verlegt werden, wobei allerdings die
musikalische Schönheit gegen das Geistreiche zurücktritt.

[2] III, S. 228. Fein ist es, wie Schlegel eine völlige Symmetrie tadelt, „denn
die Sestine soll den träumerischen Zustand des Gemüts darstellen, wo gewisse
Bilder, denen es sich gern überlässt, auf und ab gaukeln."

Es ist nicht meine Aufgabe, mich in dieser Abhandlung mit $\quad$ Mystik.
Schlegels Darstellung der Strophenformen zu beschäftigen, inso-
weit nicht der Reim eine Rolle dabei spielt. Doch ihm erscheinen
die meisten modernen Strophenformen als Entfaltung des
Reims. Und diese Entfaltung hat oft einen mystischen Urgrund.
In der Sestine scheint ihm die Zahl 6 gewählt, weil sie aus der
Vervielfältigung der ersten gleichen, 3, mit der ersten ungleichen,
6, entspringt, und bei der Entstehungsgeschichte des Sonetts und
der Terzine haben Scholastik und Mysticismus zu Gevatter ge-
standen, wie etwa in einer katholischen Dogmatik bei der Lehre
von der Dreieinigkeit. Es ist ja wahr, Dante hatte die Dreiteilig-
keit, die Wiederholung des einen Wortes „stelle" am Ende jedes
Teiles und manches andere gewiss nicht ohne Symbolik eingeführt, aber Schlegel will nicht etwa diese Absicht aufdecken, was
ja berechtigt wäre, sondern die poetische Form erklären. Da
berührt es uns natürlich sonderbar, wenn es heisst [1]): „Die Drei-
heit entsteht aber nicht nach der gewöhnlichen Meinung durch
Addition, sondern durch die Verdoppelung oder Entzweiung der
Einheit mit sich selbst und Erzeugung eines vermittelnden Dritten
aus sich selbst. Dies ist in der Terzine dargestellt. Der erste
Reimvers ist gleichsam der Vater der dritten ihm entsprechenden
Zeile, und der zweite trennt und verknüpft beide. Freilich erscheint diese erste in sich vollständige Zahl hier unter den
Schranken der Endlichkeit, indem jede Terzine infolge des ver-
einzelten Reimes in der Mitte eine folgende fordert, gerade wie
durch die Productivität der Natur immer in jeder Erzeugung ein
Widerstreit der Kräfte ausgeglichen, zugleich aber der Keim
eines neuen Widerstreits ausgestreut wird, und so ins Unendliche
fort. Dies begründet dann die Verkettung der Terzinen, die darin
liegende Hinweisung auf die Zukunft, welche dies Sylbenmaass zu
einer prophetischen Bedeutung so geschickt macht. Und wie der
Geist in dem Progressus der Endlichkeiten nur durch einen freien
Act, durch einen unbegreiflichen Sprung das Unendliche zur Einheit
zusammenfassen kann, so kann auch die Kette der Terzinen nur
willkürlich durch einen zugegebenen Vers geschlossen werden.
Dies ist dann die einzige Beziehung, worin die „Vier", welche

---

[1]) III, S. 196 ff.

in der pythagoräischen Zahlenlehre eine so grosse Rolle spielt,
in Dantes Gedicht vorkommt." Natürlich fiele diese Mystik im
Gebrauch der Terzinen zu anderen Zwecken weg.

Man möchte das Ganze für eine Parodie halten, aber es ist
im bittern Ernst gemeint. Und dabei muss man wirklich sagen,
dass die Form der Terzine, die hier als Symbol der heiligen
Dreieinigkeit gefasst wird, wenn man vom mystischen Tief- und
Unsinn absieht, so charakterisirt wird, wie es nach der früher
angeführten Definition des Reims im ersten Kursus der Berliner
Vorlesungen geschehen musste. Wir haben das Einende und
Trennende, Erregende und Befriedigende des Reims, die Aussichten
ins Unendliche. Und wenn er dann weiter mystisch fortfährt:
„Unter einem andern Gesichtspunkt betrachtet, stellt die Terzine
wiederum das Verhältnis der drei Geisterreiche dar; Paradies und
Infernum sind absolute Gegensätze, weswegen wieder eine gewisse Gleichheit und Symmetrie zwischen ihnen eintritt, so dass
sie gleichsam aufeinander reimen. Das Purgatorium hingegen macht
den Übergang und verhält sich in einem gewissen Grade negativ,
gerade wie die mittelste, zwischen die beiden reimenden Zeilen
eingeschobene in den Terzinen". Wenn er dann so fortfährt, so
ist dies nichts anders als etwa Friedrich Schlegels gigantischer
Shakespeare-Vers, eigentlich eine Analogiebildung zu einigen Sätzen
in der „Archäologie der Hebräer" von Herder.

In Zahlmystik und Symbolik in der mehrfachen Annahme,
die Reime könnten dazu helfen, „den mystischen Sinn irgend
einer Lehre darzustellen" [1]), münden die Ausführungen A. W.
Schlegels, der wie kein anderer sich eingehend mit den Wirkungen
des Reims beschäftigt, wie kein anderer ihn als Mittel zur Organisation höherer Gebilde erkannt hat.

Mit weniger Feinsinn ausgestattet, aber im Besitz eines
konsequenten Systems geht

A. F. Bernhardi

in seiner „Sprachlehre" an die Darstellung des Reims. Auch
er zeigt sich stark von Herder beeinflusst, wie diesem der Mensch
eine „Formel vom Weltall," eine „Hieroglyphe der Schöpfung"

---

[1]) III, S. 168 behauptet dies Schlegel vom Kirchenlied.

war, wie nach Herder der Mensch sich das Weltall nur nach den Formeln darstellte, „die ihm sein Körper zubrachte" [1]), so erklärt Bernhardi, die Sprache sei „Dokument des Adels des Menschen, Allegorie seiner selbst, Chiffre seines Wesens" [2]). An die Stelle der dunkeln aber tiefen und poetischen Darstellung des „innern Sinnes" durch Herder setzt er eine klare Definition, der „innere Sinn" ist „das Gefühl der Veränderungen, welche in uns vorgehen" [3]). Durch die „an beiden Sinnen wahrgenommene Eigenschaft der Bewegung" hängt Ohr und Gesicht zusammen, in Tönen ist die Bewegung kräftiger, reiner [4]), so ist es uns möglich, „die einzelnen Gegenstände und ihre Wirkung auf unsere Empfindung, in Ruhe oder in Bewegung, durch Raum und Zeit geordnet, in Töne zu übersetzen und sie wiederum durch solche darzustellen" — da nun aber das Gefühl der Elementarsinn ist, durch welchen jede widerstrebende Bewegung als eine saitenartige Erschütterung wahrgenommen wird, und alle übrigen Sinne nur Modifikationen des Gefühls sind, weil diese saitenartigen Erschütterungen allen sinnlichen Eindrücken zu Grunde liegen [5]), so ist die Nachahmung aller Sinnesempfindungen durch Töne möglich, das Gefühl spielt dann eigentlich die Rolle des sensorium commune, unser Körper ist „nur Eine Reizbarkeit", indem der Mensch „das Ohr ebenfalls als Gefühlsorgan behandelt," teilt er „dieselbe Erschütterung dem Ohre" mit, „welche irgend ein anderes sinnliches Organ empfunden hat".

Gefühl = sensorium commune.

Bernhardi versucht nun, an den Wörtern: Licht, Luft, Blitz [6]), nachzuweisen, wie die Erschütterung des Gefühls, die Intensität der Empfindung durch die Sprache nachgeahmt wird, „was leicht fürs Gefühl ist, ist Licht für das Auge".

Und auf diese Erklärung kommt Bernhardi gegen Ende des 2. Teiles der Sprachlehre, dort, wo er von der „poetischen

[1]) Siehe pag. 5 und (bei Novalis) pag. 44.

[2]) Sprachlehre I, 100.

[3]) Ebd. I, 27. Von Kant beeinflusst, macht B. die Bemerkung, dass eine höhere Wissenschaft lehre, es sei überhaupt nichts Aeusseres vorhanden.

[4]) B. beruft sich hier auf Wackenroders „Phantasien über die Kunst".

[5]) I, S. 22 und S. 74.

[6]) I, S. 76 f.

Bedeutsamkeit des Reimes" spricht, zurück[1]), wie sein System
überhaupt fest gefügt, jede Behauptung sicher begründet ist.
„Da die Sprachen sich imaginativ gebildet haben, da die einzelnen
Wörter die Bilder einzelner Substanzen und Gefühle sind, so darf
es uns nicht wundern, wenn gefühlte Identität in den Substanzen,
oder in den Empfindungen, Identität in den Bildern derselben,
Reim < Empfin- in den tönenden Sphären hervorgebracht hat". Daher hängen
dung ‖ Ton. Reime oft in der Bedeutung zusammen. Vorsichtig fügt der vernünftige Mann hinzu, es würde nicht schwer fallen, Beispiele
gegen diesen Satz in Menge aufzustellen, besonders wenn man
aus der sinnlichen Sphäre herausgehe und Wörter früheren und
späteren Entstehens zusammenstelle, auch beruhe manches auf dem
Zufall, welcher oft sehr artig gespielt habe, so z. B. bei Perücke :
Krücke. „Allein wer fühlt nicht in der Anschauung die Aehnlichkeit, welche zwischen **Luft** und **Duft**, **Muth** und **Blut**, **Jugend**
und **Tugend**, **alt** und **kalt**, **Eis**, **Greis** und **weiss**, (freilich
auch **heiss**) obwaltet? Wer wird es für Zufall halten, dass **Stück**
und **Geschick** (Geschicklichkeit), **Liebe** und **Triebe**,
Sonne und **Wonne** reimen? Auf ähnliche Art haben die Reime
in den Sprüchwörtern ihren Ursprung genommen, **Handel** und
Wandel, **heute roth**, **morgen todt** u. s. w."

Wenn Bernhardi so gleich Moritz annimmt, dass dem teilweise gleichen Laut auch ein teilweise gleicher Sinn entspreche,
so muss man sich erinnern, dass er im ersten Teile seiner Sprachlehre[2]) schon den einzelnen Buchstaben (Lauten) eine Bedeutung zuschreibt, „sie sind nichts anderes als die Körper
welche das Gehör als Gefühlssinn erschüttern und die analogen
Buchstabenzahl Schwingungen hervorbringen". So ergibt sich denn von selbst,
bestimmt. dass, wenn „die Zahl der Buchstaben überhaupt bestimmt ist",
und „ein jeder derselben an sich als solcher einen Sinn hat",
Reim und Unreim über Sinnesverwandtschaft und Distanz entscheiden. Die Charakteristik der Laute, die Bernhardi gibt, ist
bei weitem nicht so gesucht wie diejenige Schlegels, das tertium
Intensität. comparationis bei Laut : Farbe : Gefühl ist immer die Intensität[3]).

---

[1]) II, S. 419 f.

[2]) I, S. 75 ff.

[3]) Licht I, 76. Wir finden „einen sehr weichen Buchstaben, L an der
Spitze, dann einen sehr hohen Vokal, ein durch Aspiration gemildertes K und

Bernhardi hat meist nur formulirt, was Schlegel in seine
Vorlesungen einflocht, er hat es systematisch verknüpft und begründet, er hat es logisch weiter ausgesponnen, Konsequenzen
gezogen. So stehen wir bei ihm zum erstenmal vor einem sicher
gegründeten Gebäude der Reimtheorie, und mancher treffliche
Gedanke, den wir als wilden Krauskopf gekannt, nickt uns nun
wohlfrisirt und gravitätisch vom Fenster zu; aber es wird streng
und pedantisch auf die Hausordnung gehalten, und was sich nicht
fügen will, wird unbarmherzig hinausgeworfen.

Wie entstand der Reim in den ehemals quantitirenden Sprachen? Reim < Akzent.
Die akzentuirten mussten sich, da ihre Silbenmaasse sich von der
Sprache des gemeinen Lebens nicht unterschieden, nach einem
Prinzip umsehen, das diesem Mangel abhelfen und an die Musik
anknüpfen sollte, so entstanden Strophen und Reime [1]. Und
wenn er dann weiter fragt: „Wie werden mehrere Silben eine
Einheit?" [2] wenn er die Notwendigkeit des Reims weiter damit
begründet, dass in quantitirenden Sprachen durch die Vereinigung
des Akzents mit der Quantität mehr Kombinationen möglich seien,
als in akzentuirten, dass diese „weniger versatil zur Poesie"
seien [3], so haben wir es eben mit Moritz' Sätzen zu tun: Einführung des Reims, Betrachtung der Reimzeile als ein Wort, Vers = Wort.
Ersatz dessen, was das quantitirende Prinzip an Abwechslung bot.

Schon im Drama findet. Bernhardi die Erwartung und Befriedigung [4] ganz wie Schlegel, wie dieser untersucht er die Einwirkung des Reims auf den Akzent, wobei er zu dem Resultat
kommt, dass die Reimsilbe als Angel und Hauptsache des ganzen

---

ein schliessendes festes T. Das Ganze ist ein einsilbiges und sanft tönendes,
leise erschütterndes Wort. Sehen wir nun auf die Bedeutung, so war durch
dasselbe eine Gesichts-Empfindung ausgedrückt, welche zwar im ganzen das
Auge leicht berührt, und daher sanft, aber auch sehr scharf abgeschnitten ist,
ein Umstand, welcher durch das I ausgedrückt wird und den harten Konsonans.
Die Hauptidee des Ganzen ist daher die einer leichten Berührung." Luft ist
ähnlich gebildet, der tiefe Vokal und der Mangel eines harten Konsonans in
der Mitte sind Zeichen für etwas Sanfteres und Unbestimmteres, Nachahmung
der hörbaren Bewegung unverkennbar.

[1] II, S. 326.
[2] II, S. 335.
[3] II, S. 341.
[4] II, S. 363.

Verses angesehen wird, ein Hineilen auf dieselbe entsteht und
der Reihe alle andern desselben Verses untergeordnet werden.
Da es die volle Aufmerksamkeit nicht auf den Akzent allein,
sondern auf den folgenden Vers heftet, geht das Prinzip über
die Akzentuation hinaus, es ist strophisch[1]). Bernhardi
selbst nennt die Wechselwirkung von Akzent und Reim eine
„verwickelte Materie", was er weiter darüber zu sagen hat, ist
konstruirt und wird logisch immer aus dem Satz abgeleitet, den wir
schon von Fr. Schlegel her kennen, dass die Prinzipien der modernen
und antiken Maasse entgegengesetzt seien. August Wilhelm Schlegel
tadelt in seiner Rezension der Bernhardischen Sprachlehre[2]),
dass dieser die Kategorie der Ursächlichkeit, der Abhängigkeit der
Folge vom Grunde, anwendet, er wendet sich darum auch gegen
die Behauptung, dass die rhythmische Reihe „nicht anders zur
Einheit werden könne, als das einzelne Wort durch den Akzent,
welcher Eine Sylbe hervorhebt und ihr die übrigen unterordnet".
So wollte er auch „die Begriffe von Arsis und Thesis, vom Fuss,
von der Cäsur u. s. w. anders fassen", wollte er „die vornehmsten
Silbenmaasse der Alten zum Teil anders konstruiren". Wenn er
dann aber findet: „Vortrefflich ist die Notwendigkeit des Reimes
unter der Bedingung akzentuirter Versarten dargethan", so tut
er dies nur, weil er es für möglich hält, dass die Modernen in
ihrem „allgemeinen Hang zu unauflöslichen Mischungen" eine
logische Abhängigkeit dulden, dass bei den Modernen der Vers
wirklich bloss „das verlängerte, immer noch prosaisch akzentuirte
Wort sei". Die antike Kunst hingegen ging immer auf strenge
Sonderung und reine Gleichartigkeit, bei den Alten stehen alle
Teile des Verses in gleicher Dignität", während bei den Neuern
eine Abhängigkeit vom Versschluss stattfindet. So hat Schlegel
glücklich die zwei Sätze, die ihm gefielen, die Unterordnung unter
den Reim und die Entgegensetzung von antiken und modernen
Maassen gerettet, die Grundlagen der Bernhardischen Metrik aber
verworfen. Und bei diesem ist alles so fest in einander gefügt,
dass eine solche anscheinend wohlwollende Kritik das ganze künstliche Gewebe zerreisst.

(margin note: Reim = strophisches Prinzip.)
(margin note: Antik : modern.)

---

[1]) II, S. 382.
[2]) Böcking XII, 151 f.

Gross ist die Bedeutung, die Bernhardi dem Reim in der Reim < Indivi-
dualismus. modernen Poesie zuteilt. Ihm ist „Zweck aller poetischen Darstellung die Produktion der Individualität" [1]. Auch die Sprache muss diesem Gesetz unterworfen sein. Wollen wir die Sprache nun als Individuum betrachten und die Poesie aufsuchen, welche durch sie als eine Sammlung einzelner Töne ohne Rücksicht auf den Sinn möglich ist, so kommen wir zu dem Schlusse, dass der Rhythmus sich die Sprache unterwirft, er ist das Herrschende, sie das Dienende, es ist nicht Poesie der Sprache als solche. Will „die Sprache als solche poetisches Objekt sein," „sich individualisiren," so „muss in der Sprache A eine Poesie möglich sein, welche für die Sprache B unmöglich zu erreichen". „Da aber alle Poesie das Homogene und Gleichartige sucht und hier von den Wörtern als tönend die Rede ist: so muss die Poesie der Sprache als solche darin bestehen, dass gleichartig tönende Sprachsphären, gleich oder ähnlich tönende Wörter, mit einander verknüpft werden. Man sieht leicht, dass sich hiedurch die individuelle Sprache, als individuell charakterisirt, indem gleichtönende Wörter der einzelnen Sprache sehr ungleichartig in einer andern klingen."

Indem Bernhardi so von den Tönen der Sprache ausgeht und in diesen ihre Poesie findet, knüpft er an Novalis an, den er ebenso gut kennt wie den „kunstliebenden Klosterbruder". Doch er ist viel zu methodisch, um dabei stehen zu bleiben. Nachdem er alle Arten der Verknüpfung, welche auf dem Fundament des Gleichklangs ruhen, „musikalisch-poetische Sprachfiguren" genannt hat, will er sie auch alle darstellen, berechnen, ihren poetischen Wert aufzeigen. Schon glauben wir ihn auf dem Wege zu treffen, den Goethe nachher in den „Noten und Abhandlungen" eingeschlagen hat. Es wäre so naheliegend gewesen, die Frage aufzuwerfen: Welche Begriffe werden in einer bestimmten Sprache durch den Gleichlaut an einander gebunden und inwieweit beeinflusst das klingende Material das Denken in dieser Sprache? Aber Bernhardi ist es mehr ums Schematisiren zu tun.

---

[1] II, S. 79, 393.

Zuerst betrachtet er den Gleichklang „mit Reflexion auf die Bedeutung", das Wortspiel[1]). Der Gleichlaut ist hier Vorbereitung, Anlockung, „um die Verknüpfung der Begriffe selbst anzuschauen", er ist hier nur „Darstellung der Verstandesbegriffe". Die Sprache ist hier „noch nicht rein-poetisches Objekt", sie ist Werkzeug. Das Wortspiel, die „Fundamentalfigur aller übrigen musikalisch-poetischen Sprachfiguren", ist „Witz der Sprache". Und nun folgt eine Apologie des Witzes: „Alle Wissenschaft ist Witz des Verstandes, alle Kunst Witz der Phantasie". Witz und Wahrheit scheint ihm gleichbedeutend. Und zwar ist er hier von Schellings Identitätssystem beeinflusst. „Der Witz ist der Blitz, welcher eine einzelne Stelle in dem grossen Ganzen erleuchtet", dieses Ganze aber zeigt vom „höchsten Standpunkte" der Wissenschaft „unbedingte Identität alles mit allem." Die Betonung der Unübersetzbarkeit des Wortspiels ist Herder'sch[2]). „Darstellung der absoluten Identität" ist das Prinzip aller poetisch-musikalischen Sprachfiguren. Das Echo, die Annomination werden herbeigezogen, bei ihnen kommt noch immer die Bedeutung stark zur Geltung. Bei Alliteration und Assonanz und beim Reim, der „Synthesis beider Figuren, durch welche

totale Identität . . . zu stande kommt", wird uns die Operation des Verstandes erlassen, die „tönenden Wortsphären" schliessen sich weit inniger der Musik an, sie wenden sich nun „unmittelbar an die Einbildungskraft", ihr Effekt wird kräftiger. Dabei scheint ihm, dass „partielle Identität" weniger ermüdend und daher für längere, rhythmische Massen vorzüglicher sein müsse, als die totale.

Die Alliteration fasst Bernhardi als eine „Übereinkunft der

Konsonanten in einzelnen Wörtern" auf, er hegt also den Begriff weiter ein und beschränkt ihn erst nachher auf die Übereinstimmung der Anfangskonsonanten. Seine Einschränkung begründet er damit, dass die Konsonanten in der Mitte des Wortes dumpfer lauten; es ist aber offenbar, dass er anfangs den Begriff nur

---

[1]) II, S. 395 f.
[2]) Schlegel in seiner Rezension der Sprachlehre (Böcking XII, 150) kann sich nicht enthalten, die Hauptstelle über das Wortspiel mitzuteilen, „welche eine grosse Aussicht, sowohl in das philosophische, als poetische Gebiet gewährt".

darum weiter gefasst hat, um den Endreim als Synthesis von
Assonanz und Alliteration hinstellen zu können.

Die Alliteration, für deren Gebrauch er Muster aus Bürger
und Schlegel beibringt, bindet einzelne Verse, das hat uns schon
A. W. Schlegel gesagt; Bernhardi, der dessen Einteilung der
Konsonanten und Vokale zu kennen scheint, hält die Alliteration
für ein materielles Prinzip[1]), das die „absolute Identität
andeutet". Einen gesetzmässigen Gebrauch im Deutschen kennt
er noch nicht, im Nordischen nur vom Hörensagen.

Da die Vokale Ausdruck der Empfindung sind (Schlegel')
und „jedes Kunstwerk die Produktion einer individuellen Empfindung zum Zwecke hat", wie einer der Fundamentalsätze der
Bernhardi'schen Poetik lautet, so ist die Assonanz „im höhern Assonanz
Grade poetisch". Der Alliteration ist sie „geradezu entgegengesetzt" — in solchen Antithesen bewegt sich die Betrachtung
Bernhardis immer — die Sprache hängt ja nur durch die Vokale
mit der Musik zusammen: die Assonanz ist also auch weit
musikalischer als die Alliteration. Die durchgehende Empfindung,
die Stimmung, die jedem Kunstwerke zu Grunde liegt und der
alle Empfindungen untergeordnet werden, kann vorzüglich durch
das Ruhen und die Wiederholung desselben Vokals erreicht werden,
das Resultat ist ein Empfindungskonzert. Die Stimmung kann
die Assonanz nur ausdrücken, „indem sie durch das ganze Gedicht
dieselbe bleibend, es in eine strophische Masse verwandelt". Und
nun zeigt Bernhardi, dass er, trotzdem er immer von Buchstaben
spricht, dennoch an den gesprochenen Laut denkt; denn er
meint, die Stimmung könne modifizirt werden, weil ja die den
assonierenden Vokal umgebenden Konsonanten frei gegeben Konsonant
sind und dadurch wieder den Vokal bedingen. Unterbrechung Vokal.
der Assonanz durch nicht assonirende Verse dient zur Andeutung
von Nebenempfindungen. Stammt nun der Satz, die Assonanz sei
„musikalischer Hauptton", schon von A. W. Schlegel, so sehen
wir doch, wie Bernhardi sich bemüht, ihn bis ins Kleinste aus-
zuführen. Daran ist nicht bloss seine Lust am Aufdröseln der Gedanken Schuld, sondern auch die Absicht, die neu eingeführten

---

[1]) Flüssige und hauchende Buchstaben erscheinen Bernhardi zur Alliteration
am bequemsten. Mit stummen Buchstaben und Konsonansreihen, wenn sie nicht
sehr leicht sind, scheint ihm die Sache bedenklicher.

Maasse seiner Freunde, die er bei jeder Gelegenheit zitirt [1]), zu verteidigen. Dies Bestreben wird auch von A. W. Schlegel in seiner Rezension anerkannt und gelobt.

Gleich der Bemerkung, die Vokale würden durch die ungebundenen Konsonanten modifizirt, zeigt auch eine andere von feinem Sinn für Lautschattierungen: den momentanen Eintritt einer untergeordneten, aber verwandten Assonanz (u : ü : u : ü; o : ö : o : ö) vergleicht Bernhardi dem „Ausbeugen in einen halben Ton, der einen schönen Kontrast" mache [2]). Wo er beobachtet, leistet er eben Erspriesslicheres, als wo er den „philosophischen Grund" für das Auftreten der „klassischen Assonanz" in den geraden Versen sucht [3]).

Indem er den Reiz des Übergangs aus der Assonanz in den Reim schildert, wendet er sich zu dieser „musikalischen Figur", der er mehr poetische Kraft, aber auch eine gewisse Einschränkung zuschreibt.

Er stellt vor allem die strenge Forderung genauer Reime, freilich ohne sie tiefer zu begründen; ihm ist es eben wieder nur darum zu tun, recht scharfe Gegensätze zwischen Reim und Assonanz zu finden. Als Assonanz sollte der Reim durch das ganze Gedicht durchgehen, „aber das verhindert die Kraft der Alliteration", denn es sei unmöglich, ein ganzes Gedicht so „zusammen zu setzen". Auch wirkten schon drei oder vier Reime hintereinander ermüdend durch ihre Gleichförmigkeit. Der Reim ist strophisch, wie die Alliteration für einzelne Verse, die Assonanz für ganze Gedichte. Also wieder Schlegels Aussprüche nur ausgeführt, in Zusammenhang gebracht. Und dass der Reim als Assonanz gilt, und dann der Einfluss der hinzugekommenen Alliteration betrachtet wird, zeigt, dass Bernhardi ihn als Grenzfall zu behandeln versteht.

Es folgen sehr richtige Bemerkungen über die Reimstellung, Weite und Enge, über die verschiedene Bildung des Ohres, das erst erzogen werden muss, alles Dinge, die wir schon von Schlegel und Tieck her kennen. Auch dass die Strophe bei den Neuern

Margin notes: Halber Ton (u : ü). — Genaue Reime. — Reimstellung, Strophe = antiker Vers.

---

[1]) Durch das Arrangement der Assonanzen scheint ihm z. B. ein Monolog im Alarkos „ein furchtbares und schreckliches Konzert". Die Trimeter darin vermehren die „grausenden Töne" (II, 406).

[2]) II, S. 408.

[3]) II, S. 407. (Die geraden Assonanzen schliessen ab.)

dasselbe ist, was bei den Alten der einzelne Vers, ein Mittel, Versmassen zusammenzuhalten, geht auf Moritz zurück. Nur dass Bernhardi hinzufügt, die Alten hätten den Schluss einer Strophe durch Verkürzung der Schlussverse angezeigt, die Neuern rückten die Reime am Schluss der Strophe näher zusammen. Und scharfsinnig bemerkt er, dies sei ein Verkleinern [1]), er führt also in der bei Schlegel so beliebten Weise das Antike und Moderne auf dasselbe Prinzip zurück. Schlusscouplet = antiker Kurz-vers.

Und wieder spinnt er auch weiter aus. Die antike Poesie schliesst mit der Strophe, „der höchsten Ausdehnung ihres Rhythmus", die moderne beginnt mit der Strophe und geht durch den Reim noch einen Schritt weiter, indem sie Strophe mit Strophe verknüpft und so dem Sinnesabschluss, der mit dem Strophenschluss einzutreten pflegt, widerspricht, die Absonderung aufhebt. Er rühmt die schöne Wirkung, die es macht, wenn der Reim über den Schluss des Sinnes hinausgeht, empfindet also den feinen Reiz der Reimbrechung [2]). Und im Gegensatz zu Poggel scheint er diesen Reiz des Kontrastes ganz besonders zu schätzen. Im Reim innerhalb der Strophe enjambirt der Sinn die Verse, der Reim hält sie auseinander, charakterisirt sie als einzelne, beim Kettenreim, wo die Reime in die Mitte rückt, enjambirt er sich gleichsam, widerspricht dem Sinn und dem Rhythmus des Verses, so dass ein „immerwährender Gegensatz" zwischen ihnen stattfindet. Solche Reime dürfen nur bei einfachem Metrum vorkommen, müssen ein abhängiges Wort treffen, damit Wort und Reim wenig heraustritt, und dürfen nicht in der Cäsur liegen [3]). Reimbrechung. Fortwährender Gegensatz.

Wir haben gesehen, wie Bernhardi schon bei Entstehung der Sprache einen Zusammenhang zwischen Wort und Ding voraussetzt, der durch das Gefühl herbeigeführt wird, wie vorsichtig er dann diesem Zusammenhang zwischen Klang und Bedeutung in der heutigen Sprache nachgeht: so konnte er ohne Gefahr eine Definition des Wortspiels und kann er ebenso eine Definition des Gedankenreims geben. Es sind dies die Reime, die auf einem Spiel mit der Bedeutung beruhen und eine Unterabteilung der

---

[1]) II, S. 414.
[2]) II, S. 417.
[3]) II, S. 418.

Wortspiele bilden, Reimspiele sind. Sie fordern den Verstand zur Thätigkeit auf, sie sind „die prosaische verständige Art zu reimen" [1]).

Und auch über den gewöhnlichen und den seltenen Reim spricht Bernhardi sich aus. In jeder Sprache müsse es einige Wörter geben, welche von poetischem Gebrauch sind, und auf die sich nur einige Wörter reimen, die daher immerfort vorkommen. Es wäre pedantisch, sie zu vermeiden, besonders da mehrere wie Sonne, Wonne, Liebe, Triebe Gedankenreime sind.

Die seltenen Reime, d. i. „die Verknüpfung zweier durch ihre Bedeutung weit getrennter Wörter, deren Zusammenhang sehr selten darzustellen ist", gewähre einen eigenen Genuss. Sie können von ernstem und sehr überraschendem Gebrauch sein, lassen aber auch komische Anwendung zu. Da sie sich auf die Bedeutung stützten, gehörten sie zu den Gedankenreimen. Hier verschiebt Bernhardi den Begriff Gedankenreim; denn er hat ihn vorher nicht als Reim mit Reflexion auf die Bedeutung allein definirt, sondern als solchen, der die partielle Identität von Wort und Substanz ausdrückt. „Wenn man die gewöhnlichen Reime so sehr als die seltenen tadelt", fährt er fort, „so läuft dieser Tadel eigentlich darauf hinaus, dass der Zusammenhang und die Identität beider Sphären in jenem Fall zu leicht aufgefunden ist, statt dass bei den letztern, sich derselbe schwerer darbietet, und da er doch in einem Verse einen Sinn bilden muss, der Reim diesen sich unterordnet, und eine schwerfällige Sprachdarstellung, wie dort eine wenig überraschende, weit vorausgesehene bildet". Hier verführt ihn wieder der Fundamentalsatz von der geforderten Identität zu einer weithergeholten Erklärung. Denn einfacher wäre es gewesen, von Aufregung und Befriedigung, Rätsel und Auflösung auszugehen und zu sagen, dass man bei gewöhnlichen Reimen zu wenig gespannt wird, bei andern gewöhnlich der Reim früher da ist, der Sinn gesucht wird und gesucht erscheint und der Reim oft die Aufmerksamkeit zu sehr ablenkt (bei exotischen Reimwörtern). Wie gerade hier das Geistreiche des Reims sich offenbaren kann, hat Goethe gezeigt.

---

[1]) I, S. 421.

Identität kann nur unter der Bedingung des Heterogenen und Entgegengesetzten existieren, darum ist für Bernhardi der Reim auf dasselbe Wort, der reiche Reim, „eigentlich gar keiner". Milderung trete nur dann ein, wenn die Bedeutung verschieden sei, wenn die Reime nicht unmittelbar aufeinander folgten etc. (A. W. Schlegel hat diese Gesetze der Poetik in seinen „Berliner Vorlesungen" historisch nachzuweisen versucht und Franzosen und Italiener kontrastirt.) Nur in einem Falle sei reicher Reim erlaubt, „wenn in der Wiederholung desselben Wortes ein besonderer Nachdruck, eine Sorgsamkeit den einzelnen Begriff einzuprägen sichtbar ist" [1]. Dies aber bahne uns „den Weg zur höchsten und poetischen Ansicht des Reims, in welcher er nämlich nicht mehr auf das einzelne Reimwort und dessen etwaige Bedeutung bezogen wird, sondern als Musik auf das einzelne Gedicht überhaupt, und als musikalische Mahlerei des Inhalts. Es sind in dieser Ansicht ganze Verse, welche sich reimen, nicht einzelne Wörter: Sätze und Reihen von Begriffen werden durch diese leise begleitende Musik lyrisch verknüpft, und geben ein leises und süsses Bild, von jenem allgemeinen Zusammenhang, welcher durch die einzelnen Teile des grossen Ganzen, wie durch die eines kleinen herrschet. Der Reim ist Versspiel, nicht wie in der obigen Ansicht Wortspiel." Doch dürfte er, da das Reimwort Angelpunkt des Verses sei, nur in komischen Darstellungen auf unbedeutende Wörter fallen [2].

Wenn wir diese feine und geistvolle Ausführung näher betrachten, so sehen wir, dass die beabsichtigte Entgegensetzung von Versspiel und Wortspiel nicht ganz gelungen ist. Denn Bernhardi ist doch, gleich Moritz, der Ansicht, dass der moderne

Marginalien: Reicher Reim. — Reim = Versspiel.

---

[1] Zum Muster gibt Bernhardi folgende Strophe von A. W. Schlegel:

Die Feinde fördern selbst, was Gott beschlossen,
Erlitt'nes Kreuz, erhöhte nur das Kreuz,
Das Blut der Märtyrer hat es begossen,
Und wie ein Baum erwuchs das dürre Kreuz.
Roms Adler kam raubgierig angeschossen,
Sein blut'ger Schnabel küsst nunmehr das Kreuz,
In dessen Schatten fromme Millionen
Vom Aufgang bis zum Niedergange wohnen.

[2] II, S. 423 f.

Reimvers durch den Reim zu einem einzigen Wort umgebildet
wird, er zeigt ferner, indem er die Schlegel'sche Strophe zitirt,
in der auf dem reichen Reim der erforderliche „besondere Nachdruck" liegt, dass es sich doch um ein Spiel mit dem Sinn des
ganzen auf dieses Wort endigenden Satzes und Verses handelt,
er spricht endlich zuletzt selbst von Sätzen und Reihen von
Begriffen, welche verknüpft werden. Da kommen wir denn zu
dem Schluss, dass es sich am Ende doch nur um ein erweitertes
Wortspiel handelt, das, was über das Musikalische dabei gesagt
wird, ist mehr mit der Definition verquickt, als organisch ver-
wachsen. Allerdings dürfen wir nicht vergessen, dass Bernhardi's
Verslehre den Vers überhaupt als Wort hinstellte, was ja A. W.
Schlegel — für die antiken Maasse — so sehr tadelte.

Reimstellung t
Strophen-
charakter. Folgt noch eine Darstellung der Reimstrophen. Bei der Terzine scheint ihm die Reimverkettung einer Verkettung der Ideen
zu entsprechen [1]). Das Sonett, das so künstlich gebaut ist —
durch die Strophenverkettung werden „die einschliessenden Reime
eingeschlossen und die eingeschlossenen einschliessende" — das
Sonett also schliesst die Grösse und Kraft in Darstellung der
Empfindung zwar nicht aus, „aber wohl die eigentliche Wildheit
und Wuth derselben". Da der Gegensatz ein „so wesentlicher Teil
der Schönheit des Sonetts ist, so gibt es demselben eine grosse
Zierde, wenn auch der Gedanke, welcher dargestellt wird, sich in
Antithesen spaltet" [2]). Die Sestine sieht er als Stanze mit reichen
Reimen an, sie muss also „eine sehr nachdrückliche und interessante
Ideenreihe enthalten, welche der Darsteller unter vielen und verschiedenen Formen vor die Augen treten und anschauen lassen
will". In der Sestine reimen sich ganze Stanzen reich, dadurch
werde, „indem die Reimwörter sehr von einander getrennt werden,
der reiche Reim verdunkelt, und ein Teil seines Übelstandes
wieder hinweggenommen" [3]). Hier wird Bernhardi wieder von seiner
theoretischen Voreingenommenheit gegen den reichen Reim so
weit beeinflusst, dass er sich in einen Widerspruch verwickelt.
Und zu dieser Voreingenommenheit wurde er doch nur durch die

---

[1]) II, S. 427.
[2]) II, S, 427—430.
[3]) II, S. 432.

Identitätstheorie gebracht. Wenn nämlich verlangt wird, dass die
wiederholten Wörter die Hauptbegriffe der ganzen Ideenreihe
enthalten sollen und diese Ideenreihe nachdrücklich und interessant
sein muss, so ist doch schon dafür gesorgt, dass durch den Nachdruck das wieder erhellt wird, was die Entfernung verdunkelt.
In der Canzone stellt das Couplet am Schluss die Beruhigung
sehr gut dar [1]); in der Dezime ist der Gegensatz des Reimes und
des Sinnes von sehr guter Wirkung [2]). Kurz überall und bei
jeder Strophenform versucht Bernhardi, das Verhältnis von Reimstellung zum Charakter der Strophe festzustellen, wobei er nie
vergisst, darauf hinzuweisen, dass enge Reimstellung gegen den
Schluss den verkürzten Versen am Schluss der antiken Strophen
entspricht.

Nirgends bisher haben wir eine so zusammenhängende Darstellung des Reims gefunden, wenn auch vieles nur Wiederholung
ist [3]). Dabei trifft es sich glücklich, dass er, ein nüchterner, klarer,
scharfsinniger Mann, mit einer vortrefflichen Methode ausgerüstet
unter dem Einflusse Wackenroders und Novalis' steht, und so zu
einer Auffassung gelangt, welche weder das Geistige noch das
Musikalische des Reims vernachlässigt.

Den Romantikern haben wir wenig Beiträge zur Psychologie
des Reims zu verdanken, wir erfahren wenig über das, was im
Dichter vorgeht. Die Wirkung des Reims hingegen haben sie
vortrefflich studirt, über seine musikalischen und strophisch-ver-
knüpfenden Funktionen feine Bemerkungen gemacht und wichtige
Aufschlüsse gegeben und die Reimtheorie nach einer wichtigen
Seite hin ergänzt.

---

[1]) II, S. 433.

[2]) II, S. 435.

[3]) Erwähnt sei hier noch, dass B. gleich A. W. Schlegel den zehn- und
elfsilbigen Vers für den Grundvers der gereimten ansieht, der auch ungereimt
sogleich an den Reim erinnert, daher sehr günstig sei (II, 385); ebenso wiederholt er die Formel Alexandriner > Antithese.

V. Caspar Poggel [1].

Poggels Verhältnis zur Romantik 88—89; Klang < Gefühl (Ton : Farbe : Ge-
fühl sh. Anm.) 89—91; Forderung der Harmonie von Klang und Sinn 91;
Reimbrechung, Reim = haupttöniger Akkord 92; Sprüchwörter 93;
Inhaltswert der Reimwörter 93; antik : modern 93; Flexionsreime 94;
(Reim : Musik sh. Anm. S. 95.) Reduktion aller Klänge auf die Reim-
klänge 94—95.

Minor hat in seiner „Nhd. Metrik" dankbar auf Poggel hingewiesen, der sein Reimkapitel kräftig beeinflusst hat, und in der
Romantik. Reimbrechung z. B. bei ihm als Autorität dasteht. Wir wollen
dieses Büchlein noch vor den Abhandlungen der Germanisten betrachten, chronologisch liegt es zwischen Wackernagels „Geschichte
des deutschen Hexameters" (1831) und Grimms „Geschichte des
Reims" (1850), es ist 1836 zu Münster erschienen. Aber seinem
Wesen nach gehört es noch ganz in jene Periode, die mit den
Kunstidealen Schillers und Goethes genährt war. Wir können
Poggel sogar in gewissem Sinne einen Romantiker nennen. Nicht
etwa, dass er A. W. Schlegels mystische Reimerklärungen nach-
ahmte, ich nehme vielmehr die Begründung dieser Diagnose von
Hayms Erklärung der Romantik aus dem Einfluss Goethe'scher
Praxis und Schiller'scher Philosophie. „Mit besonderer Rücksicht
auf Goethe" steht auf dem Titel des Büchleins, von Goethe rühren
die meisten Beispiele her. Auch in den Geist von Goethes natur-
wissenschaftlichen Schriften ist er tief eingedrungen, und nähert

---

[1] Grundzüge einer Theorie des Reimes und der Gleichklänge mit besonderer
Rücksicht auf Goethe, Münster 1836. Poggel wird auch von F. Wolff in seinem
Buch über die Lais und von Gerber in „Die Sprache als Kunst" zitirt. C. Beyer
in seiner „deutschen Poetik", Stuttgart 1887, I² 425, hat sich einen der Fundamentalsätze Poggels, dass die Hauptvorstellung auf die reimenden Klänge zurückgeführt werden, indem die nicht reimenden Klänge dem Ohre rascher entschwinden,
angeeignet, übrigens ohne ihn zu zitiren.

sich so vielen unsrer modernen Literarhistoriker, die auch, gleich ihm, von dieser Seite Anregung erhielten. So ist die Einwirkung der botanischen Schriften Goethes auf seine schöne Vorrede nicht zu verkennen, nur der Schluss des Büchleins und auch der der Vorrede zeigen Einfluss des Schiller'schen Satzes, dass durch bewusstes Denken der reine harmonische Zustand zuerst zerstört werde, um in höherem Grade wieder hergestellt zu werden.

Der Ausgangspunkt des ganzen Büchleins ist aber in Poggels tiefem Durchdrungensein von Goethes Kunstideal zu suchen. Nichts Grelles, nichts Unharmonisches will er dulden, deswegen fordert er vollständige Übereinstimmung der Form mit dem Inhalt, der Klang soll Ausdruck des Gefühls sein, ja allein schon den Ein- Klang > Gefühl. druck der darzustellenden Empfindung oder Vorstellung machen. In einem Aufsatz „Über das Verhältnis zwischen Form und Bedeutung in der Sprache, den er zitirt, hatte Poggel diesen Gedanken schon vorher ausgeführt, er macht ihn jetzt zur Basis seiner Reimtheorie [1]). Das ist nun aber etwas, was wir schon bei A. W. Schlegel und Bernhardi fanden und später bei J. Grimm

---

[1]) Das Verhältnis zwischen Form und Bedeutung in der Sprache. Die Ausbildung des Sinnes im Menschen. Zwei Abhandlungen von Caspar Poggel, Lehrer am Gymnasium zu Recklinghausen. Münster, in der Theissing'schen Buchhandlung, 1833.

In diesem feinen Schriftchen, das sich in klaren, sicher aufeinander ruhenden Paragraphen harmonisch vor uns aufbaut, stellt sich Poggel die Aufgabe, „Herders Ansicht über den Ursprung der Sprachen tiefer zu begründen." Er vermisst bei Herder die Ableitung „aus dem Wesen der menschlichen Sinne". Dabei hat er Herders Schrift erst, nachdem er seine Hauptgedanken schon entworfen hat, gelesen. Aber die Herder'schen Gedanken hatten Goethe genährt, an Herder haben sich Humboldt und Grimm, die Poggel oft zitirt, gebildet. Und über den Herder'schen Satz: „Wir sind ein dunkles Sensorium commune, nur von verschiedenen Seiten berührt. — Da liegt die Erklärung. Allen Sinnen liegt Gefühl zu Grunde und dieses giebt den verschiedenartigsten Sensationen schon ein so inniges, starkes, unaussprechliches Band, dass aus dieser Verbindung die sonderbarsten Erscheinungen entstehen", über diese Erklärung der nicht hörbaren Eigenschaften der Dinge, die „alle in Eins fliessen", hinaus schreitet Poggel zur „Bewegung als Tertium comparationis zwischen Bedeutung (Vorstellung > und Wortlaut" vor. Er betritt also den Weg Bernhardis dreissig Jahre später. Bewegung > Es ist ganz gut möglich, dass er Bernhardi nicht kennt, auch wenn er dieselben Laut. Beispiele bringt, z. B. Blitz (pag. 65, § 25), aber Bernhardi hat eben auch Einfluss auf Humboldt und auf die Gedanken anderer Sprachforscher, die der fein gebildete Poggel sicher kennt, gehabt.

wieder finden, dass den Klangvorstellungen gewisse ästhetische
und ethische Vorstellungen entsprechen. Mit grosser Vorsicht
könnte dieser Satz in einer Reimtheorie wohl angewendet werden,
als einer von vielen gleichwertigen Faktoren darf er wohl gelten,
wir müssen es aber aufs lebhafteste zurückweisen, wenn er wie hier
bei Poggel zur Grundlage gemacht werden soll. Wenn die Sprache
jemals die Tendenz gehabt hat, schon durch den blossen Klang
eine Vorstellung oder ein Gefühl hervorzurufen, hier berührt sich
die Frage nach dem Ursprung des Reimes und diejenige nach dem
Ursprung der Sprache, so hat sie durch all die Veränderungen, die
sie erlitten, jedenfalls viel von dieser Fähigkeit verloren. Wie
vorsichtig ist Bernhardi da! Müssen z. B. nach J. Grimm, von dem
sich Poggel sehr beeinflussen lässt, die Umlaute gemischte Empfindungen, Sehnsucht, Schwermut, Hoffnung ausdrücken, so wäre
eine ganze Menge von Wörtern seit dem Eintreten der mhd.
Sprachperiode geeignet, derlei Empfindungen hervorzurufen, Wörter,
die früher, da der Umlaut noch nicht eingetreten war, Schmerz
oder Trauer ausdrückten. Es fehlte nur noch, dass man den Umlaut auf das Überhandnehmen des religiösen Gefühls zurückführte.

Poggel geht die Wege Bernhardis, aber als Goetheschüler nicht mit den
mechanischen Messinstrumenten der Spekulation ausgerüstet, sondern mit gesunden Augen den Stand der Sonne, das Moos an den Bäumen und andere
natürliche Merkzeichen betrachtend, mit sichern Füssen auf festem Boden. Den
verlässt er allerdings zuletzt, um auf einen Baum zu klettern, die Gegend durch
ein rosenrotes Glas zu betrachten und beruhigt die schöne Gleichmässigkeit
und Harmonie des Kolorits in der Natur zu loben. Er behandelt die Frage der
Übereinstimmung von Laut und Bedeutung empirisch, stellt physikalische und
physiologische Versuche an und erfreut uns durch seine vorsichtige und vernünftige Stellung gegenüber der schon damals herrschenden Formel: Sprache =
Organismus. Wenn er so bei den unvollkommensten Tieren einen einzigen Sinn
für alle findet, das Gemeinsame aller Sinnesempfindungen in der Bewegung der
gereizten Nerven und Muskelfaser findet (A. v. Humboldt), und gleich Herder eine
unmittelbare Übertragung innerer Bewegung von einem Wesen auf
das andere durch den Ton annimmt, so müssen wir mit ihm überein-
stimmen, wenn es sich um Naturlaut handelt. Wir wissen auch, dass Novalis
und Wackenroder ähnliches von der Dichtersprache verlangt, dass grosse Dichter
es auch erreicht haben. Dass er aber noch heute, wo die Sprache ohne viel Rücksicht auf diese primitiven Wirkungen sich weiter entwickelt hat, glaubt, „dass das
(Ton : Farbe :   Licht, welches grün genannt wird, unter einer ähnlichen Bewegung im Auge
Gefühl.)   empfunden wird, als der Ton grün im Ohre etc.“, dass „die Empfindungen,
welche wir rauh und glatt (gleiten, glacies, glaber) nennen, unter ähnlichen

Ich will den Spass nicht so weit treiben, den Einfluss des Umlauts auf den Bedeutungswandel bei einigen Wörtern nachzuweisen, auch die Differenz, die zwischen Schriftsprache und Dialekt entsteht, wenn *ü* nach Grimm, Hoffnung, Wehmut, Sehnsucht, *eu* aber Eckel ausdrückt, und dialektisch schweizerisch *ü* = nhd *eu*, will ich nicht ad absurdum führen. Grimm will eine allgemeine Charakteristik der Sprachlaute geben, eine solche kann ihrem Wesen nach nur subjektiv sein und wir müssen Männern von so feinem Sprachsinn für Mitteilungen der Resultate ihrer Selbstbeobachtung dankbar sein. Poggel aber stellt die Forderung der Übereinstimmung zwischen Klang und Sinn, da handelt es sich nicht um allgemeinen Harmonie von Klangeindruck, nicht um Wirkungen, wo der Sinn der einzelnen Klang und Sinn. Wörter nicht berücksichtigt wird, und nur auf die zu erzielende Stimmung gesehen wird, wie bei Novalis; Klang und Sinn sollen sich decken. Da ist es angebracht, auf die Wechselwirkung der beiden, auf den Kompromiss der zwischen beiden geschlossen werden muss und auch wird, aufmerksam zu machen. Es ist, seitdem die Sprache aus ihrer poetischen Kindheit, zugegeben, dass sie eine hatte, herausgewachsen ist, ein dauernder Streit zwischen Klang und Sinn; nicht nur aus dem Gelingen, diesen

---

Bewegungen in dem Tastsinne empfunden werden, worunter die Wörter rauh und glatt in dem Gehöre empfunden werden", dass er dies heute noch glaubt, zeigt, dass er sich bei einer eingebildeten Harmonie beruhigt. Allerdings schilt er dann die neuen Sprachen, die durch den leichtsinnigen Gebrauch einer verbildeten, verkehrten Welt verdorben seien, er will sich „mit den Rudimenten alter Urklänge behelfen", findet aber deren mehr, als vorhanden sind (§ 23 pag. 58 ff.), und forderte vom Dichter mehr, als er geben kann. A. W. Schlegel und J. Grimm haben auch seine Betrachtungen über die „Buchstaben" beeinflusst. Hier ist er aber weit voraus, die Anzahl der Buchstaben ist nicht, wie bei Bernhardi, eine begrenzte, sie ist unendlich und hängt von der Biegsamkeit der Sprach- und Hörorgane ab. Die Schriftsprache hemmt die Entwicklung. Er ahnt den Phonographen, der die Bewegung, die dem Laut zu Grunde liegt, sichtbar machen soll (§ 30, pag. 75), und führt in einem geistvollen und poetischen Paragraphen, der ausmalt, wie Wesen, die nur in einem Sinne alles empfinden und für diesen einen Sinn auch alles nachahmten, existiren könnten, seine Reimtheorie selbst ad absurdum. Trotz aller Einwände, die man gegen Poggel machen kann, gewährt er so viel Genuss und Belehrung, dass es sich wohl verlohnte, seine Reimtheorie, das eben besprochene Büchlein, und das schöne Schriftchen, „Ausbildung des äusseren und inneren Sinnes durch den Gymnasial-Unterricht', neu herauszugeben. Man muss sie nur historisch und als Gedichte in Prosa auffassen.

Reiz der Differenz.

Streit zu harmonisiren, sondern eben aus der Differenz fliesst ein Hauptreiz der Dichtung. Und das ist der Punkt, wo Poggel vor allem fehlt. Alles was Goethe in den „N. u. A.“ geschrieben hat, kennt er nicht oder benutzt es wenigstens nicht. Das Wortspiel, das gerade oft auf dieser Differenz beruht, lässt er unberücksichtigt, trotzdem es schon Herder als eine der ersten psychologischen Quellen des Reims erkannte, die Annomination und den grammatischen Reim, diese vornehmsten Mittel des Wortspiels‘ erklärt er mit den Worten: „Während der innere Sinn durch die Wiederkehr gleicher Vorstellungen und Empfindungen in gleichartiger Stimmung bleibt, wird durch die Wiederkehr gleichartiger Klänge auch der äussere Sinn fortwährend gleichartig berührt.“ Wir brauchen nur ein Shakespeare-Sonett, wo mit den verschiedenen Bedeutungen des Wortes „love“ gespielt wird, dagegen zu halten, um auf das Unvollständige dieser Erklärung hinzuweisen.

Reimbrechung.

Ebenso wenn der Verfasser sich gegen die Reimbrechung, die Verteilung des Reimes unter mehrere Personen im Dialog, wendet. Goethe hat Faust II durch seine Erklärung der Entstehung des Reims sich selbst für die Reimbrechung ausgesprochen und Poggel will ja gerade Goethe zum Muster nehmen. Aber da nach seiner Theorie der Reim immer die Gleichartigkeit des Eindruckes hervorhebt, so kann er es kaum ruhig hören, wenn Replik und Duplik reimen. Für den prickelnden Reiz der Reimbrechung hatte Poggel, der Mann der grossen, reinen, stillen Harmonie, so recht ein Mann Winkelmann'scher Ideale, keinen Sinn.

Alliterirende Antithesen.

Da Poggel Einheit des Sinnes und Klanges forderte, bedarf es für ihn einiger philosophischer Purzelbäume, um sich bei der Alliteration den Anreim von Antithesen zu erklären. Völlig fremd steht eine Natur wie die seine natürlich dem Gleichklang von unzusammengehörigen Vorstellungen gegenüber. Er sucht sich geistreich damit zu helfen, dass er den haupttönigen Akkord, der die Stimmung anschlägt, ähnliche Laute, die dieselbe Stimmung ausdrücken, nach sich ziehen lässt. Wo bleibt aber dann die

Haupttöniger Akkord.

Übereinstimmung von Klang und Sinn bei den mitgezogenen Nebenwörtern?[1]) Und deckt sich Klang und Sinn bei den haupt-

[1]) Allerdings bleiben nach Poggel von den nichtreimenden Wörtern nur die tonlosen Vorstellungen in der Seele zurück und alle Klänge werden auf die wenigen Reimklänge zurückgeführt.

tönigen, wenn die verschiedensten Begriffe alliteriren, *W* einmal
Wonne, einmal Weh, einmal Wurst malen kann? Die wunderliche
Erklärung der Alliteration von Antithesen anzuführen, erlaubt
der Raum nicht.

Reimende Sprichwörter erklärt Poggel folgendermassen: Der   Sprüchwort
Mensch, der die Aehnlichkeit der Begriffe Borgen : Sorgen fühlt,
sucht auch den Klang ähnlich zu machen, darum bildet er den
Reim. Hier ruft er seltsamerweise sogar Kant zu Hülfe. Bei
Goethe hätte er näher Rat gefunden. Denn mit ihm gehen wir
vom Sprachmaterial als von etwas Gegebenem aus und sehen im
Reim das Lockmittel, beide Begriffe, Borgen und Sorgen auf-
einander zu beziehen.

Poggel findet es nötig, die Forderung aufzustellen, „die Vorstellungen der reimenden Wörter müssen für den sinnlichen Inhalt   Reim : Inhalt.
des bezüglichen Gedankens den relativ grössten Inhalt haben".
Ganz zurückweisen dürfen wir diese Forderung nicht. Schon
A. W. Schlegel hatte in seiner Charakteristik Bürgers verlangt,
dass der Reim nicht die Aufmerksamkeit auf Unbedeutendes lenke.
Aber die Prämissen Poggels müssen wir jedenfalls negiren. Auch
wenn er für reimende Dichtungen einfaches Versmaass verlangt,
hat er vollkommen recht, aber nicht aus den komplizirt psychologischen Gründen, die er anführt (nach ihm entspricht der Reim
dem Gefühl, der Rhythmus dem Begehrungsvermögen, und beide
widerstreben einander), sondern weil eines das andere entbehrlich
macht, es handelt sich darum, die Sprachmaasse zu gliedern, dazu
genügt ein komplizirtes Metrum. Darum stellte sich der Reim
auch erst ein, als die klassischen Sprachen ihre Fähigkeit, durch
Quantität Metren zu bilden, verloren.

Mit der romantischen Richtung Poggels hängt es zusammen,
wenn er die Schlegel so oft zitirt und ihre komplizirten Reimspiele, den Kettenreim, das Echo u. s. w. lobt.

Wie Schlegel kontrastiert er auch Reim und Rhythmus, sucht
sie aus der Verschiedenheit des Geistes der Nationen heraus zu
erklären. Die antike Poesie ist Poesie der Anschauung, die moderne   Antik : modern.
Poesie des Gehörs. Ich habe im Eingang des Kapitels „Romantiker"
eine Stelle aus Herders Humanitätsbriefen zitirt, worin dieser
Vergleich warnend ausgeführt war. Dieser anfechtbare, aber geistvolle und feine Abschnitt in Poggels Büchlein führt uns auf sein

Grundthema, auf die Polarität von Musik und Philosophie. Wer
denkt da nicht an Friedrich Schlegel! Der Reim hat nun die
Funktion, das Begriffliche zu tilgen, das Gefühlsmässige hervor-
zuheben.

Gleich den Romantikern ist Poggel eine musikalische Natur.
Trotzdem wir vieles, was er sagt, zurückweisen müssen, ist sein
Büchlein voll Bemerkungen, die von feinem Geschmack zeugen,
ebenso seine Beispiele, die Minor mit Recht in seinem Reimkapitel
verwendete. Er hat ein feines Ohr für die Schönheiten der Sprache
und versteht es, uns auf dieselben aufmerksam zu machen, und
trotzdem wir ihn den Romantikern beizählen müssen, steht er fest
in seinen eigenen Schuhen. Nur wird selbst sein feines Ohr durch
seine Theorie beeinflusst und betrogen. So wenn er, nur um seinen
Satz, die Reime müssen Träger der Hauptbegriffe sein, zu stützen,
Flexionsreime. gegen die romanischen Flexionsreime loszieht. Gegen dieses Verfahren spricht nicht nur die Geschichte des Reims, die zeigt, dass
der Reim eine Hauptquelle eben in den reimenden Flexionen hat,
sondern vielmehr noch der sinnliche Klang[1]). Zur Probe, wie
hässlich blosse Flexionsreime seien, druckt Poggel einige Strophen
aus dem „Dies irae" ab. Ich kann mich hier freilich nur auf mein
Gefühl berufen, aber bei der Erörterung ästhetischer Fragen
müssen eben subjektive Gründe immer hinein spielen. Und ich
glaube, nicht allein zu stehen mit der Empfindung, dass es nichts
schöneres gibt, als die vollen Klänge lateinischer Reime an sich
vorüber rauschen zu lassen, ohne auch nur an den Inhalt zu
denken.

Und doch, wie schön ist es z. B., wenn Poggel ausführt, wie
Reduktion aller die Reimklänge eine zeitlang im Ohr bleiben, während das Übrige
Klänge auf Reim. entschwindet und gleichsam nur die tonlosen Vorstellungen in der
Seele zurücklässt, und sämtliche Klänge der Wörter in gereimten
Versen auf die wenigen Reimklänge zurückgeführt werden. Diese
wenigen geben dem Ganzen seinen Klangcharakter, wie die erste
Stimme eines mehrstimmigen Gesanges. Daher die in den Reim-
wörtern ausgedrückten Vorstellungen sich dem Gemüte inniger

---

[1]) Übrigens sucht er in dem Büchlein „Über das Verhältnis zwischen
Form und Bedeutung" den Wohlklang auf die „Angemessenheit zwischen Gefühl
und Empfindung" zu reduziren (§ 22, pag. 58).

einprägen. Und eben darum sollten diese Vorstellungen immer
die Hauptvorstellungen des Gedichtes sein [1]). Wie das hier gesagt
wird, wäre es annehmbar, wäre nur nicht ein ganzes künstliches
System darauf gebaut. Es liegt etwas echt deutsches in der
Forderung, die sich nicht bloss mit dem Klang begnügt, und lieber
die Schönheit als den Sinn opfern will, oder an die Verschmelzung
beider glauben kann, wobei keines von beiden zu kurz kommen

---

[1]) Er begnügt sich also nicht, wie die Romantiker bei der Assonanz damit,
dass der Reim die Hauptstimmung des ganzen Gedichts male, wobei es weniger
auf den Inhalt des Reimwortes ankommt, denn dann müsste er durchgehenden
Reim (wie das Ghasel) verlangen. Das wäre aber gegen das Gesetz des „Mannigfaltigen im Einen" gegangen.

In dem Schriftchen „Über das Verhältnis von Form und Bedeutung" fasst er den Reim viel musikalischer, bindet er ihn viel weniger an das
Wort, das ihn trägt. Dort heisst es: „Gefühl ist Ursache aller Musik. Was von
Musik in der Sprache lebt, ist Ursache des Gefühls. Der Reim, wodurch die
neuern Sprachen ein so eigentümlich musikalisches Element für poetische Darstellungen gewonnen, hier hat es seinen Grund. Auch die Alliteration und
Annomination gehören dahin. Bei einem guten lyrischen Gedicht, sowie auch in
andern Dichtungsarten, ist Einheit des Gefühls, Einheit der erzeugenden Gemütsstimmung, Bedingung für dessen Vortrefflichkeit, ist Bedürfnis des schaffenden
Dichters. Nun hat der Dichter einen Klang gefunden, der seinem Gefühle analog
ist. Er sucht ihn fest zu halten, weil er sein Gefühl festhält; er bringt ihn daher
wieder, so oft es Wohllaut und das Gesetz des Mannigfaltigen im Einen zulässt.
Er bringt seinen Klang dorthin, wo derselbe am meisten hervortreten kann,
wo dessen Wirkung am längsten dauert. Und wo sollte er ihn besser hinsetzen
als ans Ende der Strophe, wo die Stimme etwas einhält, wo der Begriff etwas
ruht, um dem Gefühle Spielzeit zu gönnen. Dort stellen sich die gleichtönenden
Laute hin, um das Gefühl von Strophe zu Strophe fort zu geleiten. Harte und
weiche Reime wechseln, wie in der Musik Dur- und Molltöne; von Vers zu
Vers kehrt derselbe Wechsel zurück; so dass sich der Vers zum ganzen Gedichte
verhalte, wie die Strophe zum Verse. Die gleichklingenden Laute bleiben fortwährend im Ohre; sie halten das Gefühl beständig in musikalischer Stimmung;
sie helfen dem Dichter, dass er sein Gefühl von der ersten bis letzten Strophe
mit zureichender Klarheit und Stärke für dieselbe Stimmung forttrage; sie sind
zwischen den Strophen dasjenige, was das absichtliche Zwischentreten einer
vollen Musik für eine Rede ist. Wie hier die Musik eine durch Vorstellungen
und Begriffe erzeugte Gemütsstimmung angemessen weiter leiten und stärken
soll, bis durch andere Vorstellungen eine neue oder dieselbe Gemütsstimmung
angeregt wird: so soll auch in einem Gedichte eine durch die Bilder und Gedanken der Strophe erzeugte Affektion durch den erhöhten Gleichklang der
Strophenenden angemessen weiter geleitet, verstärkt und zum Bewusstsein geführt werden" (§ 22, pag. 56—57).

Reim : Musik.

soll. Und ein echt deutsches Schicksal liest man auch vom
Titelblatt des Büchleins herunter. „Caspar Poggel, Lehrer am
Gymnasium zu Recklinghausen". Wer ist Poggel, wo ist Recklinghausen? Und wie viel Geist steckt in dem Büchlein! In der Vorrede heisst es einmal: „Wie wenig aber sind unsere Kunsttheorien
auf diese Weise ausgebildet; wie unendlich ist das Feld, was hier
noch auszubauen ist — Eine Aufgabe für vieler Menschen Leben —.
Denn für einen ist sie zu gross und wären ihm auch viele Kräfte
verliehen, und glückliche Verhältnisse, und viele Tage des Da-
seins —".

Wenden wir uns von dem Manne, den ein feiner Sinn
und guter Geschmack nicht davor schützen konnte, auf Grund
eines Satzes ein ganzes Gebäude künstlich aufzuführen, statt wie
Herder von allen Seiten Quell' auf Quelle in seinen Strom sprudeln
zu lassen, statt wie Goethe, auf den er sich scheinbar stützt, vom
vorhandenen Sprachmaterial und der Arbeit des Geistes an diesem
Material auszugehen, wenden wir uns von diesem Manne zu den
ersten Germanisten, die das Material zum wissenschaftlichen Ausbau der Reimtheorie zu sammeln begannen.

VI. W. Grimm's Zur Geschichte des Reims [1].

Wackernagels syntaktischer Parallelismus, Klangreime : stilistische Reime 97—98. Ursprung des Reimes im Deutschen, Otfried 98—100. Verlust gegenüber mhd., rührende Reime, Reinheit 100.

Angeregt wurde dieselbe wahrscheinlich durch Wilhelm Wackernagels Geschichte des deutschen Hexameters und Pentameters (1831) [2]. In der Einleitung dieses Büchleins nämlich wird der syntaktische Parallelismus der beiden Hälften, in welche die Cäsur den Hexameter und Pentameter teilt, nachgewiesen, es wird gezeigt, wie wir dies im Deutschen gar nicht nachmachen könnten, wie dieser Parallelismus Reim auf Reim in den Hexameter und Pentameter flicht und die Freude an diesem zur Verbindung wie zum Gegensatz gleich geschickten Wiederklang, wir glauben A. W. Schlegel zu hören, die fleissige Übung des Parallelismus befördert hat. Damit ist nun zugleich von selbst eine Theorie der Entstehung des Reims gegeben: Aus syntaktischem Parallelismus entsteht der Reim wegen Gleichheit oder Ähnlichkeit der Flexionsendungen. Kühn hatte Herder dies für's Hebräische ausgesprochen und gesagt, Griechen und Römer hätten sich gegen den Reim wehren müssen; aber es ist ein grosser Unterschied zwischen den Hypothesen des genialen und weitblickenden Poeten der Poetik und der vorsichtigen, Stein zu Stein fügenden Arbeit des Gelehrten, der sich scheut, auch die kleinste Fuge offen zu lassen. So unterlässt es denn Wackernagel, diesen Schluss zu ziehen, und auch später, in einer Zuschrift an Grimm, erinnert er daran, dass die Reime des Mittelalters blosse Klangreime, die des Altertums immer stilistisch seien. Und ebenso wie im mittelalterlichen Latein

Syntaktischer Parallelismus.

Stilreim : Klangreim.

---

[1] Kleine Schriften, IV 125. 7. März 1850. Kgl. Akademie der Wissenschaften gelesen.

[2] W. W. G. d. d. H. u. P. bis auf Klopstock. Berlin 1831.

sci auch der Reim im ahd. immer Reim der Laute, nicht des
Sinnes, was wieder auf seine lateinische Abstammung schliessen
liesse. Gegen diesen Schluss darf man immerhin noch etwas einwenden. Denn wenn beim lateinischen und ahd. Vers die Mittel-
glieder fehlen zwischen stilistischem und Klangreim, so ist dies
ein Umstand, der nur zeigt, dass ein greifbarer Beweis für die
Entwicklung des Klangreimes aus dem stilistischen noch nicht er-
bracht ist; gerade, wenn wir im Deutschen keine stilistische
Vorläufer des Klangreims hätten, im Lateinischen die Entwickelung aber nachgewiesen wäre, gerade dann wäre die Vermutung,
die Deutschen hätten den Reim von den Romanen entlehnt, viel
mehr gestützt.

Nachdem Wilhelm Grimm uns durch die glitzernden Gänge
des „reichen und wohlgebauten Bergwerks", wie Wackernagel
seine „Geschichte des Reims" nennt, geleuchtet, nachdem er
Bildung und Gebrauch des ahd. und mhd. Reimes erörtert hat,
wendet er sich der Frage vom Ursprung des Reimes zu. Trotzdem alles, was vorhergegangen ist, den grössten wissenschaftlichen
Wert besitzt, liegt es ausserhalb des Rahmens dieser Arbeit, die
Grimm'schen Betrachtungen hier wiederzugeben; hier haben wir
es mit Urteilen über den Reim und seinen poetischen Wert zu
tun, dazu liefern die Grimm'schen Sammlungen die wichtigsten
Hülfsmittel, aber sie selbst sind Beiträge zur Geschichte des Reims
und nicht zur Geschichte seiner Theorie. Und dennoch bedeuten
sie auch für die Theorie einen Umschwung: sie stellen durch ihr
blosses Dasein die Forderung methodischer Materialsammlungen
als Grundlage eines jeden Urteils auch auf diesem Gebiete, wo
so viel gedeutet und theoretisirt und wenig untersucht worden
war, sie verlangen historische Betrachtung des Geleisteten. Für
die nhd. Zeit wäre es dann nötig, neben der Geschichte des
Reims auch die Geschichte der Theorie zu verfolgen, und der
krönende Abschluss wäre endlich die Betrachtung der Wechselwirkung von Theorie und Praxis. Können wir aber den ersten
Teil von Grimms Arbeit hier nicht berücksichtigen, er gibt doch
das Gefühl, dass die darauffolgenden theoretischen Betrachtungen
auf festem und genügend gesichertem Unterbau ruhen [1]). Sie

---

[1]) A. a. O. 317 ff.

richten sich vor allem gegen Wackernagels Behauptung (Gesch.
d. dtsch. Nationallitteratur § 30) [1]), dass Otfried den Reim aus den
lateinischen Gedichten kennen gelernt und zuerst angewendet
habe. Grimm verteidigt seine Meinung mit der oft, so auch schon
von Herder geäusserten Ansicht, Gleichklang finde sich leicht
unbeabsichtigt und von selbst ein und sei wahrscheinlich von den
meisten Völkern schon in den frühesten Zeiten in der Dichtung
oder doch in den Formeln und Sprüchen angewendet worden.
Man könne also von einem Erfassen und Hervorheben reden, nicht
von einer plötzlich auftauchenden Erfindung. Otfried hat trotz
seiner Abneigung gegen die Volksdichtung herkömmliche Reden
und Sprüche aus derselben behalten, warum soll er auch nicht
den Reim von dort genommen haben? Otfried hat den Reim leicht
nach seinen, überlieferten, nicht erdachten Gesetzen gehandhabt,
die in lateinischen Hymnen nur ungenau beobachtet werden.
Otfried hat ungenaue Reime, während die lateinischen genau sind;
hätte er sich nach diesen gerichtet, so hätte er den umgekehrten
Weg der Entwickelung eingeschlagen, da der genaue Reim aus
dem ungenauen entsteht. Ferner sind uns aus der Zeit vor Otfried
nur mythische und epische Gedichte erhalten, keine Volkslieder,
die doch erwähnt werden. Diese aber waren gewiss gereimt, der
Reim hat sich allmälig in diesen strophischen Gedichten entwickelt,
während die Alliteration schwand. Das können wir ganz gut an
der Edda beobachten. Man bedurfte eines stärkeren Gleichlauts,
der die Versenden markirte. Ebenso sehen wir den Wandel
im Ags.

In Bezug auf Otfried geht jetzt die allgemeine Ansicht dahin,
dass die lateinischen Kirchengesänge seinen Vers wirklich beeinflusst haben. Wie auf S. 57 gezeigt wird, hat Herder sich einer
mittleren Ansicht zugeneigt. Nach dieser existirt Beeinflussung
von Kirchenlied und Volkspoesie, welche von jenem den Reim
erhält, der aber in ihr selbst schon entweder in Keimen oder
vollständig entwickelt vorhanden war. Denn die Ansicht, dass,
abgesehen von der Otfriedfrage, der Reim im Altdeutschen
schon vorhanden gewesen sei, basirt auf der Überzeugung von der
Polygenesis des Reims, die, wie Wolff in seinem Buch über die

[1]) I 73, sh. auch die wichtigen Anmerkungen dieses §.

Lais 161—166 zeigt, sehr verbreitet ist. Wolff fasst den Reim dort als Folge „der nicht quantitativen Poesie" und zitirt Eichhorn und andere mehr als Autoritäten[1]). Der Ansicht von der Entstehung des Reims auf germanischem Boden ohne römischen Einfluss hat sich unter den neueren auch Schipper in seiner „Englischen Metrik" angeschlossen[2]).

Nachteile gegen mhd.   Ein Blick auf unsere Zeit, der Grimms Geschichte des Reims abschliesst, lässt ihn die Einbusse, die wir gegenüber dem Mhd. erlitten haben, erkennen. Mit dem rührenden Reim, mit den wechselnden Rhythmen, die den Reim weniger einschläfernd machten, hat man unschätzbare Vorteile aufgegeben. Auch Goethes falsche

Reinheit.   Reime sind Grimm sympathischer als „Platens kunstreiche Schnitzwerke in Elfenbein, die man bewundert, aber nur mit den Augen zu berühren wagt." Mit jeder neuen Einschränkung sieht Grimm zugleich eine neue, starre Fessel des Gedankens aus dem werden, was gefälliger Schmuck sein sollte.

---

[1]) Auch Wolff meint, Otfried habe eine volkstümliche Form gewählt (163), wie schon Eichhorn, Gesch. der Lit. 1805, Göttingen I, 788 und J. Grimm altd. Wälder I, 126. Siehe Sulzers Theorien der schönen Künste und Wissenschaften pag. 82 ff., wo ebenfalls vor Herder andere für diese Behauptung zitirt sind.

[2]) Kögel in seiner Literaturgeschichte behauptet allerdings, es herrsche keine Meinungsverschiedenheit darüber, dass der Endreim als Kunstform romanischen Ursprungs sei, die Elemente seien jedoch vorhanden gewesen (I, 203 bis 204). Vorotfriedsche Reimverse seien nicht nachweisbar. Doch sind bayrische Reimverse ohne Einfluss Otfrieds entstanden. Also im ganzen Herders Ansicht.

VII. August Friedrich Pott's „Doppelung" 1862 [1]).

Das Prinzip der Wiederholung in Grammatik, Poetik, Metrik, Stilistik; Nutzen.

Pott hat in seiner sprachvergleichenden Monographie „Doppelung (Reduplikation, Gemination), als eines der wichtigsten Bildungsmittel der Sprache, beleuchtet aus Sprachen aller Erdteile", einen wichtigen Beitrag zur Reimtheorie geliefert. Trotz der abschreckenden Gelehrsamkeit und des noch abschreckenderen Stiles müssen wir uns das Buch daher ansehen.

Pott unterscheidet, abgesehen von innerlicher Umbildung, wie z. B. Ablaut, zweierlei Arten von Weiterbildung im Sprachleben. I. Ansichreissen von ungleichen, ja polarisch entgegengesetzten Sprachstoffen (!); II. „Wiedergebärung aus dem Schosse des schon einmal gesetzten", d. i. Wiederholung vom gleichen oder mit Absicht leicht umgemodelten Stoffe.

Letztere wird nun betrachtet, wie sie sowohl begrifflich, als körperlich verschiedene Formen annimmt.

Er unterscheidet a) nach Stellung, b) nach Umfang der Doppelung. Er betrachtet die Wiederkehr gleicher und gleichartiger Rhythmen, die verschiedenen Gestaltungen des Reims vom Gedanken-Parallelismus (wobei er Herders heb. Poesie zitirt) durch den Endreim bis zum Stabreim, der sich in Alliteration und Assonanz scheidet (sic) [2]). Dann den Refrain, ferner gereimte Begriffspaarungen im Sprüchwort. Dann geht er zur Assimilation über, betrachtet die Vokalharmonie in den tartarischen Sprachen, führt Irrtümer, wie die Schreibung „Ptolomaeus für Ptolemaeus" auf denselben psychologischen Grund zurück und fährt

---

[1]) Lemgo und Detmold, Meyer'sche Hofbuchhandlung.
[2]) Hier wird Bernhardi zitirt, dessen Definition missverstanden scheint.

dann fort: „Die Gleichartigkeit der Rhythmen und der Reim sind
Mittel, welcher sich die Dichtung bedient, um den Sprüngen der
Phantasie und dem Auf- und Niederwogen der Empfindung doch
gewisse, wohltätige Schranken zu setzen." Sie liesse nämlich die
Herrschaft des ordnenden Verstandes empfinden und komme dem
Gedächtnis zu Hülfe. Herder, der die Symmetrie ordnend die
Ausbrüche der Leidenschaft regeln lässt, Schlegel in seiner
meisterhaften Erklärung der Wirkung des Rhythmus in den „Briefen
über Poesie, Silbenmaass und Sprache" (1795) schweben hier vor.

Ordnen. (margin)

Dann geht Pott sogleich zur Grammatik über, die sich des
Gleichklangs zu einem rein gedanklichen Zwecke bemächtigt. Es
ist der sinnliche Ausdruck der Zusammengehörigkeit von Attribut
und Substanz, die Unterscheidung von Geschlecht, Zahl und Casus
beim Attributivum, dem sie eigentlich nicht zukommt. „Flexion
beim Attributivum findet daher, um andere Worte zu gebrauchen,
bloss statt, um der Kongruenz, d. h. um des Gedanken-Reimes
(der oft in einen lautlichen umschlägt) willen, mit dem Ausdrucke
für die Substanz. In dem Bereiche des Indogermanismus geschieht
dies oft genug mittelst des Ausreimes, z. B. bon*us* fili*us*, bona
filia, ligne*um* scamn*um*, meli*us* gen*us*, u. s. w." In präfigirenden
Sprachen geschieht dies mittelst der Alliteration (Anreim).

Kongruenz =
Gedankenreim. (margin)

Hierauf geht Pott über zur Anaphora (vergessen sollt' ich,
vergessen), zur Epiphora (einsam, einsam, **ganz** einsam), grammatische Doppelung und stilistische haben oft dasselbe Ziel grösserer Energie.

Dann wendet er sich zur Wiederholung eines der Frage ent-
nommenen Ausdruckes zum Zwecke der Bejahung, auch unser ja
heisst eigentlich, dass der Fragesatz im Gedanken als Behauptungs-
satz wiederholt werden soll. Auf diesem Wege schreitet Pott
weiter. Korrelate Satzglieder, Figuren, den Umlaut, Assimilation
von Fremdwörtern, nicht nur lautlich durch Einsetzung der entsprechenden Lautformen, sondern auch gedanklich durch Volks-
etymologie, die einfache grammatische Reduplikation wie den
Reim, Rhythmus, Parallelism. zieht er in den Kreis seiner Betrachtungen. Einem so weiten Blick sind wir seit Herder nicht
begegnet, und es ist unzweifelhaft, dass der Einfluss Herders,
dessen „Geist der hebr. Poesie" er zitirt, vieles angeregt hat,
auch mittelbar durch Humboldt, dessen Kawisprache Pott heraus-

Bejahung =
Wiederholung. (margin)

gab. Wir dürfen auch die Analogiebildung als Gedankenreim betrachten, es sind also dieselben psychologischen Gründe, die den
Reim hervorriefen, welche Pott zwangen, Herders Gedanken so
auszuspinnen.

Der Geist benutzt den Gleichklang oder die Wiederholung als
Material, beim Reim und Rhythmus zu künstlerischen, in der
Grammatik zu gedanklichen Zwecken, das ist Potts Ansicht, gegen
die man nur den Einwand machen kann, dass sie den Anteil des
Bewusstseins überschätze. Und dann kommt noch die Frage: was
nützt es, wenn wir jetzt alle Wiederholung als Reim in Anspruch
nehmen wollten; denn es läuft doch am Ende darauf hinaus, dass
eben alles gleich oder ungleich sein müsse, und dass alles
Gleiche, alle Wiederholung sich untereinander und also auch der
Reim mit allen diesen vergleichen lasse. Damit sind wir nicht
über Herder hinaus gekommen, bei diesem ist die Symmetrie nur
eine wichtige Seite des Reims, das Wortspiel z. B. eine andere.
Und bei dieser einen Seite, der Symmetrie, hat uns Pott wieder
nur in Bezug auf den Ausdruck der Symmetrie durch Sprache
gefördert, selbstverständlich hat er von andern Sinnen und Künsten
nicht gehandelt. —

Aber immerhin, als eine wichtige und wissenschaftliche Ergänzung zu Herders Symmetrieabschnitt haben Potts Betrachtungen
für uns Wert, sie zeigen auch zugleich wieder, dass der Reim
eben schon in der Sprache liegt und überall, wenn auch nicht
als organisirte Form, vorhanden sein muss, weil die Wiederholung
ein wesentliches Element der Sprachbildung ist.

VIII. Neuere und Neueste.

Literatur — Allgemeines 104—106; Wiederholung *(Biedermann)* 106—108; Inhaltswert *(Delbrück, Schuchardt, Kirchbach, Kunow, Weismann, Vischer)* 108—111; Reinheit *(Kirchbach, Möricke)* 111—113; Unreim *(Hildebrand)* 113—114; Musik : Sprache *(H. Grimm, Harnack, Grillparzer)* 115—116; Ton : Farbe : Gefühl : Vorstellung *(Helmholtz, Billroth)* 116—117; Wortspiel *(Jean Paul, Wurth)*, Reimbrechung *(Borinski, Schuchardt)* 118; Reim : Figur : Stil *(Richard M. Meyer)* 119; Schluss 120.

Was Sulzers Theorie der schönen Künste und F. Wolffs „Über die Lais" uns für die vorherdersche Reimtheorie gewährt, das bietet Minor's Reimkapitel in der Nhd. Metrik für die neuere Zeit: eine wohlgeordnete Übersicht über die Literatur und ihre Ergebnisse. Desto kürzer kann ich mich hier fassen, desto mehr darauf verzichten, eine erschöpfende Darstellung zu geben. Nur einige allgemeine Betrachtungen unter Heranziehung nennenswerter Beispiele sollen hier folgen.

Trotz häufiger Zählungen und statistischer Aufnahmen ist keine moderne Untersuchung zu einem Resultat gekommen, das widerlegt, was „unwissenschaftlichere" Vorgänger mit sicherem Blick als das Wesentliche erkannten. Und von keinem unserer neueren Forscher sind neue Probleme aufgestellt worden.

Überhaupt müssen wir es uns einmal gestehen, im Sinne der exakten Wissenschaften sind auf unserem Gebiete nie sichere Resultate zu erlangen. Auch nicht auf demselben Wege. Man kann Vermutungen über die Ursachen mancher Erscheinungen aussprechen, es lässt sich vielleicht einmal zeigen, was unbewusst und was bewusst gemacht wurde; aber schon wenn man auf die Wirkung aufs Publikum zu sprechen kommt, ist es unmöglich, statistisch etwas zu erreichen, weil die Stimmen dann doch nur gezählt und nicht gewogen werden können. Man wende nicht ein, dass beim Zählen sich ergebe, was wahrhaft poetisch, weil auf die allgemeinsten, einfachsten und ewigen menschlichen Gefühle wirksam sei: die Menge gleicht einem Heer von Krüppeln, bei dem nur die niedrigeren Organe normal entwickelt und ähnlich sind, die haben sie dann allerdings auch mit den wenigen Gesunden gemein; ein grosser, d. i. ein geistig normal entwickelter Mensch, versteht die Kleinen, aber wie sollten sie ihn verstehen. Kein grosser Dichter ist wahrhaft populär, seine Wirkung meist eine erheuchelte, auf die Autorität Weniger zurückzuführende, und verschwände in dem Augenblick, in welchem die Menge mit Grauen erkennen würde, wie seine Gefühle so viel Differenzirtes, Weiterentwickeltes enthielten, neben dem Gemeinsamen.

Das Urteil aber, das darüber entscheidet, ob jemand ein grosser Mann sei, ist subjektiv, wir können es nur aussprechen, indem wir uns unserer allenfalls vorhandenen Bescheidenheit entledigen und mit dem Gefeierten zugleich unser eigenes Urteil erheben, und wenn wir den Richterspruch über die Schönheit und Poesie einer Autorität überlassen, haben wir unser Urteil nur durch ihr Medium kundgegeben, unseren subjektiven Geschmack durch sie walten lassen. So entschwindet jede Hoffnung, auf irgend eine Art objektiv zu beweisen, dass etwas schön sei.

Ebenso steht es mit den Versuchen, durch Forschungen in der mit Recht so beliebten dunklen Urzeit die Grundformeln der Poetik zu erhalten. Die Ergebnisse dieser Forschungen stimmen gewöhnlich mit dem überein, was Männer, die (wie Goethe so schön von Lavater sagt) den reinen Begriff der Menschheit in sich tragen, mit geringerer Mühe schon längst herausgebracht haben, was wir vielleicht auch aus unserm Zeitbegriff des allgemein Menschlichen heraus und in andere Zeiten und Länder hineintragen. Was bei diesen Betrachtungen mit Hilfe der Literaturgeschichte herauskommt, zeigt, dass wir ganz primitive Empfindungen, die aus der Natur des menschlichen Körpers und seiner Organe im rohesten Zustand hervorgehen, mit den Wilden (diese vergleicht man ja dem Urmenschen), ja sogar mit den Affen gemeinsam haben [1]. Will man dieses Gemeinsame zur Grundlage

---

[1] Siehe Richard M. Meyer, Zeitschr. f. vergl. Litgesch. I, „Über den Refrain", wo S. 36 die Entstehung der „ältesten Urkunde des Menschengeschlechtes" bis auf die Brüllaffen zurückverfolgt wird.

der Psychologie und also auch der Poetik machen, dann erhält
man bloss Prinzipien für eine Kunst, die uns auch im rohesten
Zustand genügt haben würde. Das Ideal einer Poetik rechnet aber
mit der Psyche und den Organen hochentwickelter, differenzirter
Menschen und kann nur erreicht werden, indem man die Entwicklung der Poesie und ihrer Theorie und die Entwicklung einzelner hervorragender Dichter verfolgt, noch besser aber durch
Selbstbeobachtung solcher feinorganisirter, moderner Menschen,
die ja nach einer schönen Legende einen Entwicklungsgang durch-
gemacht haben, der demjenigen der Menschheit analog ist, ja ihm
vorauseilt.

Was uns mit traurigem Staunen erfüllt, ist der häufige Mangel
an Kenntnis der alten Theorie, es werden Fragen aufgeworfen,
die schon längst gelöst sind, oder man erhebt sich über seine
Vorgänger, ohne sie zu erreichen. Dies ist z. B. der Fall beim
Problem der

Wiederholung

als Urform der Dichtung. W. Freiherr von Biedermann hat
in mehreren Aufsätzen, die in der Zeitschrift für vergl. Literaturgeschichte erschienen, diese Frage behandelt. In dem ersten derselben (N. Folge II, S. 415 ff.) „Zur vergleichenden Geschichte
der poetischen Formen" [1], erklärt er, dass es mit den geistreichen
Vermutungen, „wie deren z. B. Herder aufstellte", heute nicht
mehr getan sei, ein Grundgedanke müsse gefunden, sodann aber
ermittelt werden, inwieweit die Erfahrungen, die tatsächlichen
Erscheinungen, damit übereinstimmten.

Wiederholung ist es nun, was er als Prinzip aller Dichtung
findet. Aus Wiederholung zum Zwecke der Kennzeichnung und
Hervorhebung ist nach ihm die Wiederholung nur eines Satzteils
am Versanfang oder -ende (und der Parallelism), daraus der An-
fangs- und Endreim und durch Abstumpfung Alliteration und Assonanz entstanden, aus dem Parallelism. entsteht das Versmaass.
Biedermann kennt also nur eine Quelle des Reims, die Wiederholung, während er bei Herder von allen Seiten Zuflüsse erhält.

---

[1] Dort wird auch auf einen Aufsatz „Über die Geschichte des Parallelism.
in der Dichtkunst" (1857) hingewiesen, der mir leider nicht zugänglich ist.

I. Herder [Symmetriegefühl als Erreger verschiedener
Erscheinungen der Wiederholung.]

$$\begin{array}{ccc} & \text{Musik} & \\ & \wedge & \\ \left.\begin{array}{l}\text{Tanz} \\ \text{Rhythmus}\end{array}\right\} & < \textbf{Symmetriegefühl} > & \left\{\begin{array}{l}\text{Parallelismus} \\ \text{Reim}\end{array}\right. \\ & \vee & \\ & \text{Architektur.} & \end{array}$$

II. Herder [Verschiedene Erregungspunkte des Reims.]

Symmetriegefühl
$\vee$
Musik $>$ **Reim** $<$ Stil (Flexionsähnlichkeit $<$ Parallelism)
$\wedge$
Wortspiel Mnemotechnik.

III. Biedermann

Wiederholung [zum Zwecke der Kennzeichnung und Hervorhebung]
$\vee$

A $\left\{\begin{array}{l}\text{Wiederholung nur eines Satzteils [Versanfang oder Ende]} \\ \vee \\ \text{Reim [Anfangs- oder Endreim]} \\ \vee \\ \text{Alliteration [Abschwächung des Endreims]} \\ \quad\text{oder} \\ \text{Assonanz [Abschwächung des Anfangsreims]}\end{array}\right.$

oder

B $\left\{\begin{array}{l}\text{Parallelism} \left[\text{a}\left\{\text{auch} < \text{Wechselgesang (Finnen)}\right\}\right. \\ \qquad\qquad\quad \left.\text{b}\left\{\text{auch} < \text{aufgegeb. Thema (Schnadahüpferl)}\right\}\right] \\ \vee \\ \text{Versmaass.}\end{array}\right.$

Was bei einer Vergleichung für Biedermann herauskommt,
ist nichts Gutes, er hat kein Gefühl für Leben und Schönheit, und
während Herder, der übrigens, wie niemand leugnen wird, für
seine Zeit ebensoviel Kenntnis der Poesie fremder Völker besass
wie Biedermann, psychologisch die Entstehung der Form zu
ergründen versucht, will Biedermann auf logischem Wege eine
Formel erlangen. Ihm fehlt es an Weitblick: was er uns bietet,
bleibt trotz der zahlreichen Belege, die nichts beweisen, nur dürre
Abstraktion. Und das Hauptergebnis, dass Wiederholung die

Urform der Dichtung sei, hat Herder ihm schon vorweggenommen[1]).
Was Biedermanns Arbeiten sonst so wertvoll macht, sein Talent
zu ordnen, zu sondern, bringt hier nur Schaden. So wendet er
sich gegen die von Herder behauptete Einheit von Musik, Poesie
und Tanz in ältestem Zustande, weil er gern die einzelnen Künste
auseinanderhält und, pedantischer als Adelung, glaubt er, man
habe eine eigene Dichtersprache gesucht, man habe die poetische
Redeweise mit Absicht kennzeichnen wollen. Kennzeichnung
ist für ihn Ursache der Wiederholung, nicht ein ästhetisches
Grundgesetz, wie bei Veit Valentin in dessen schönem Aufsatze
„die Dreitheiligkeit in der Lyrik"[2]). Nun ist ja Kennzeichnung
und Hervorhebung gewiss mitwirkend gewesen bei Schaffung der
Elemente, deren sich das Bedürfnis nach Symmetrie dann bediente,
erfüllt ist dieses Bedürfnis nach künstlerischer Form darin noch
nicht.

Valentin in seiner Abhandlung geht von „allgemeingiltigen
ästhetischen Grundsätzen" aus, von psychologischen Erfahrungs-
sätzen, er glaubt nicht eine neue Ästhetik zu begründen, umsomehr bietet er uns. Leider muss ich eine eingehendere Behandlung
auf den zweiten Teil verschieben, wo, was noch heute Wert hat,
zum Ausbau einer Reimtheorie verwendet werden soll. Vielleicht
liesse sich das Ergebnis der Valentin'schen Betrachtungen durch
Herders schönes Bild ausdrücken, dass beim Parallelismus die zwei
Perlenschnüre neben einander hängen, die der Grieche dann in
seinen dreiteiligen Strophen zu einem Kranze zusammenschliesst.

Der Streit um den

Inhaltswert der Reimwörter

lässt sich vielleicht am besten schlichten mittelst des Bernhardi'schen
Satzes, dass der Reim kein Wortspiel, sondern Versspiel sei, dass

---

[1]) Siehe auch Zft. für vergl. Litgesch. N. F. IX, 224. „Weiteres über die
Geschichte der sprachlichen Formen der Dichtung", wo die Belege vermehrt
werden. Auch „die Wiederholung als Urform der Dichtung bei Goethe", ebd.
N. F. IV, S. 267 ff. zeigt keinen Fortschritt.

[2]) Zft. für vergl. Litgesch. N. F. II, 9 ff. — Dass nicht nur die dem Menschen
eignende Vernunft eine ästhetische Einheit zur Trägerin der Empfindung machen
kann, zeigt R. M. Meyer, indem er (Zft. für vergl. Litgesch. I, 38) in seiner
Abhandlung „über den Refrain" die Strophen des Vogelgesanges heranzieht, die
ebenfalls dreiteilig sind.

nicht die Wörter, sondern ganze Sätze reimen. Damit wären
dann die Flexionsreime der romanischen Sprachen, denen gewisse
inhaltsleere deutsche Reime entsprechen, gerettet[1]). Wir wissen,
dass das Problem ein altes ist. Schon Moritz hat sich mit dem
Sinn des Reims beschäftigt, A. W. Schlegel in seinen Berliner
Vorlesungen hat die Flexionsreime im Romanischen und die Reime
auf Wurzelwörter im Deutschen verglichen und erkannt, dass die
Verschiedenheit der Betonung die Schuld daran trage, wenn die
germanischen Sprachen „Natürliche Anlagen zum Gedankenreim"
haben. Poggel hat endlich die Forderung gestellt, die Reimwörter
müssten den relativ grössten Inhalt haben. Da ist es nun sonderbar,
wie zwei in ihrer Art bedeutende Männer wie Delbrück und
Wolfgang Kirchbach, der eine in einem Aufsatz: „Der deutsche
Reim"[2]), der andere in einem Artikel „die Seele des Reims"[3]),
wieder von vorne anfangen, und weder das Problem vertiefen,
noch zu einem befriedigenden Abschluss gelangen. Delbrück meint,
die Befriedigung durch den Reim sei vor allen Dingen eine ver-
standesmässige, der romanische Flexionsreim kann den Verstand
nicht befriedigen, da er unbedeutende Silben hervorhebt, daher „französische Reime durch deutsche wiedergeben heisst, an Stelle eines
geringern Kunstwerkes ein höheres setzen, es heisst, an den deutschen Übersetzer Anforderungen stellen, die der französische Dichter
an sich nicht gestellt hat." Mit Recht antwortet Schuchardt[4]),
es liesse sich im Wesen der Schönheit nicht begründen, dass Form
und Gedanke an derselben Stelle gipfeln müsse, mit Recht macht
er auf die Rolle, die das Enjambement bei Beantwortung der
Frage spielt, aufmerksam, und stellt das Französische darum näher
zum Deutschen, als zum Italienischen, mit Recht weist er überhaupt jede Vergleichung zurück, da Himmel und Erde, zwischen
denen wir geboren, eher ihre Macht über uns verlieren würden,
als die Weise, die an unsrer Wiege ertönte und das Lied, das

---

[1]) Es stellt sich ja gerade durch Flexionsreime leicht syntaktischer Parallelismus ein, und es ist doch gewiss keine Sinnlosigkeit, wenn der Sinn ganzer
Sätze reimt, statt dem der Hauptbegriffe.

[2]) Im neuen Reich 1872, I 880 ff.

[3]) Das Magazin für Literatur 1893 S. 491.

[4]) Im neuen Reich 1873 I, „Reim und Rhythmus im Deutschen und Romanischen" 180 ff.

wir zuerst lallten [1]). Und vom objektiven Standpunkt aus will er
der romanischen Form den Vorzug zuerkennen: „Denn anziehender
und anregender als die feste und starre, wirkt auf uns die freie
und feine Beziehung jener Form zum sprachlichen Stoffe, das
Lösen und Binden, der Widerstreit und die Versöhnung zwischen
beiden Teilen. Man hat das sonst kaum bestritten." (Goethe,
Romantiker.) Und nun eine wohlbegründete Verurteilung jenes
deutschen Chauvinismus, der die Formel: Germanismus: Romanismus
= Gehalt : Form = Wesen : Schein zu Tode hetzt. „Gewiss, wir
Deutschen sind gründlich; doch wenn wir fünfmal auf den Grund
gehen, um köstliche Perlen heraufzuholen, so tun wir es das sechste
mal einfach deshalb, weil wir nicht schwimmen können."

„Die Seele des Reims" findet Kirchbach in dem lebendigen
Verhältnis zweier gleichlautender Worte, in der Beziehung, die
wir zwischen ihnen herstellen. Der Reim ist ihm ein Redemittel,
ein Sprachmittel, nicht der Gleichklang als solcher erfreut uns
künstlerisch, sondern die bedeutungsvollen Worte, welche reimen.
Nun, neu ist hier nur die Negation des musikalischen Werts des
Reimes, also etwas Negatives, und Minor hatte Grund genug, in
den Jahresberichten Kirchbach auf Poggel zu verweisen. Nach
Kirchbach hat zwar über die Zulässigkeit reiner und unreiner
Reime viel Streit geherrscht, ein Kapitel deutscher Kritik aber,
das noch sehr im Argen liege und am wenigsten verständnisvolle
Beleuchtung gefunden habe, sei die Kunst des Reims. Denn wenig
habe man noch gelesen über den Kunstzweck des Reimes überhaupt, wenig über die Frage, wie es sich geistig und künstlerisch
erkläre, dass wir in Reimen dichten. Eigentlich verlangt Kirchbach
im weitern Verlauf seiner Ausführungen, dass die Gedanken im
gleichen Verhältnis stehen sollen, wie die Reimwörter, und seinem
Wesen wären wohl die Alexandriner am gemässesten, die unsere
Klassiker wegen der Parallelismen und Antithesen, die sie fordern,
so eifrig bekämpft haben. Vielmehr als Kirchbachs Betrachtungen
werden uns Arbeiten nützen, die auf die Interpretation vorbereiten,
wie Kunows bei Minor verwertete Studie: „Über das Verhältnis

---

[1]) Wie schön kleidet der deutsche Verteidiger welscher Melodien diesen
Ausspruch in eine alliterirende Formel!

des Reims zum Inhalt bei Goethe" [1]) oder H. Welsmanns Behandlung des Reims bei Körner [2]), oder Beobachtungen, wie nur
Vischer sie so fein und liebevoll anstellen konnte [3]). Auch Kirchbach beschäftigt sich in seinem Artikel mit der vielumstrittenen
Frage nach der

Reinheit des Reims.

Wie Wilhelm Grimm sind auch Kirchbach Goethes falsche
Reime, denen ja schon mancher Verteidiger erstanden ist (Biedermann z. B.), lieber, als Platens Korrektheit. Meisterhaft und un-
übertrefflich findet er den Reim:

> Und er zog mich zu sich nieder,
> Küsste mich so hold, so süss,
> Und ich sagte, blase wieder,
> Und der gute Junge blies
> Solala etc.

„Der ganze Gemütston der Süssigkeit jener Stimmung liegt
in der Stellung des Wörtchens „süss" im Reimton, und die Milderung des vokalischen Lautes „ü" zu „i" in „blies" wird geradezu
ein Symbol einer Abmilderung der Empfindung, die ins Scherzhafte,
Tändelnde übergeht mit dem „Solala"". Das wäre ja ganz schön,
schade, dass Goethe selbst um diesen Genuss gekommen ist.
Denn er als Frankfurter sagte „siess" und reimte darum „blies",
wie denn auch Vischer a. a. O. dem Mitteldeutschen Unrecht
tut, wenn er ihm den Reim g : ch vorwirft.

Aber im Prinzip hat Kirchbach Recht, wie ich gern und dankbar zugebe; die Schattirungen unreiner Reime lassen sich gewiss
verwerten; es gilt für sie dasselbe, was Bernhardi von der Asso-
nanzenfolge u : ü : u : ü gesagt hat: es ist ein Ausbeugen in einen
halben Ton. C. Beyers Poetik [4]) verdanke ich den Hinweis auf eine
Verteidigung von unreinen Reimen Möricke's durch einen Freund

---

[1]) Programm, Stargardt, i. P. 1888.
[2]) Leyer und Schwert, Leipzig 1892.
[3]) Goethe Jahrbuch IV. Kleine Beiträge zur Charakteristik Goethes, 3 ff.
[4]) Stuttgart. Göschen 1887², I, 468.

(Monatsbl. zur Ergänzung der Augsburger allg. Ztg. 1845, S. 401).
„Mörickc will in einem freien Gebrauch dieser Form, worin nämlich Reime wie Stille und Fülle, Breite und heute sparsam
eingemischt werden, vorzüglich beim Sonett und der achtzeiligen
Stanze alles Ernstes eine Schönheit finden, indem dergleichen Laut-
modifikationen, weit entfernt, ein gebildetes, aber unbefangenes
Ohr zu verletzen, vielmehr einigen Reiz auf dasselbe ausüben, der
auf vermehrter Mannigfaltigkeit beruhe. Die gelinde Abbeugung
von dem, was regelmässig zu erwarten war, ist dem Gehör als
graziös willkommen. Hierin aber liege bereits die Forderung einer
sehr mässigen Anwendung oder vielmehr Zulassung dieser Würze,
die freilich ungesucht sich nur zu oft aufdrängen will." Nicht
nur bestätigt der feine Reiz, den ungenaue Reime in Volksliedern
auf unser Ohr ausüben, die Richtigkeit dieser Ausführungen, auch
die Konsequenzen, die wir aus einigen Sätzen der Reimtheoretiker
ziehen müssen, sprechen für sie. Denn wenn das Wesen des Reims
im nichtübereinstimmenden Bestandteil des Reimworts ebenso liegt
wie im übereinstimmenden, dann verhalten sich die Vokale (oder
auch die Konsonanten im Volkslied) bei ungenauen Reimen ebenso
zu einander, wie die Reimwörter selber, und ein feines Ohr wird
hier wie dort einen grössern Reiz darin finden, dass es genauer
hinhorchen muss und der Gleichklang sich nicht so plump auf-
drängt. Man darf auch nicht vergessen, welchen grossen Einfluss
die engherzige Forderung reiner Reime auf unsern Geschmack ausgeübt hat, wir erwarten jetzt genaue Reime, darum fällt es uns
unangenehm auf, wenn diese Erwartung nicht befriedigt wird.
Eigentlich aber beruhte die Freude am Gleichklang ursprünglich
darauf, dass man ihn fand, wo man ihn gar nicht erwartete, denn
als Rätsel und Lösung dürfen wir ihn nur auffassen, wo es sich
um bekannte Reimwörter handelt, als Erwartung und Befriedigung
nur bei bekannter Reimstellung. Später freilich, wenn man sich
an den Reim gewöhnt hat, und wer wäre nicht an ihn gewöhnt,
erwartet man ihn; aber der erste Reiz wird sicherlich durch die
Überraschung ausgeübt. Wären wir an den plumpen, reichen Reim
gewöhnt und erhielten wir an seiner Stelle unsern unvollkomme-
neren Reim, unser Ohr würde verletzt und unsere Erwartung bliebe
unbefriedigt, selbst wenn die Reime noch so rein wären. Also
nur von der Gewohnheit hängt es ab, was unser Ohr verlangt,

und so haben, wie schon A. W. Schlegel und W. Grimm gezeigt
haben, Gesetze die Grenzen des Reims im Deutschen verengert,
und, wie auch Biedermann in seinen Goetheforschungen zeigt, den
Reim zu einer Fessel des Gedankens gemacht. Ist das Verbot
ungenauer Reime eine Beschränkung, die ein Minimum der Ge-
nauigkeit festsetzt, so gibt es auch eine Beschränkung auf ein
Maximum des Gleichklangs, ein Gesetz, das einen

Unreim

im Reim fordert. Das Wort stammt von R. Hildebrand [1]), die
Sache selbst war schon früher bekannt. In einem Nachtrag (S. 206 ff.
„Noch einmal zum Wesen des Reims") weist Hildebrand selber
nach, dass schon ältere Poetiken einen ungleichen Bestandteil des
Reims gefordert hätten, das aber war nur geschehen, weil man
nach fremdem Muster den reichen Reim verbieten wollte. Aber
auch der Grundgedanke Hildebrands, dass der „Unreim", d. i die
nicht reimenden Bestandteile der Reimwörter, für Variation sorge,
ist nicht bloss dunkle Empfindung geblieben, sondern ausgesprochen
worden. Wenn Herder die Verse der Edda „Ordnerinnen des
Klanges" nennt, weil sie die Vokale ordneten [2]), wenn Bürger [3])
verlangt, dass Reime, die nach einander vorkommen, nicht die
gleichen Konsonanten oder Vokale haben sollen (also die Folge
gab : Stab : lieb : schrieb oder Ewigkeit : Zeiten : Zeit : Gegenwärtig-
keit etc. verdammt), dann haben sie den Reiz des Unreims doch
auch schon empfunden. Bürger möchte den reichen Reim lieber
den „armseligen" heissen, und doch gab es, wie schon A. W. Schlegel
sagt und Jakob Grimm [4]) bereits 1817, also vor Wilhelm Grimm,
nachweist, eine Zeit, in der man sich mit der Variation des
Sinnes bei gleichem Wortklang begnügte. J. Grimm, der auch

---

[1]) Beiträge zum deutschen Unterricht aus Otto Lyons Zeitschrift f. d. d.
Unterricht, Leipzig 1897, S. 172 ff.: „Zum Wesen des Reims, auch des Stabreims.‘

[2]) Siehe pag. 24.

[3]) Bürgers Werke, herausgegeben von Bohtz 1835, S. 317, in einem Aufsatz von 1797 und 1798.

[4]) Kleinere Schriften VI, Berlin 1882. „Zur Geschichte des deutschen Reims",
S. 276 ff.

meint, die Natur des Reims gründe sich auf Vereinigung des
Gleich- und Verschiedenlautigen, findet, man könne solche reiche
Reime oft die gefühltesten und zartesten nennen, und führt das
Verschwinden derselben auf den engherzigen Grundsatz zurück,
dass man alles Zweideutige tilgen und aufheben solle. Auch
A. W. Schlegel will den reichen Reim wieder beleben und findet,
die Italiener, die ihn gestatteten, wenn die Reimwörter zu verschiedenen grammatischen Klassen gehörten, seien subtiler in der
Bemerkung des Ungleichartigen in der Ähnlichkeit". Und selbst
Hildebrand erkennt Ausnahmen an [1]), wo das eine Reimwort durch
ein davorgetretenes Bestimmungswort verschieden gefärbt ist. Es
ist also, darin stimmen alle überein, möglich, den Unreim ins
geistige Gebiet zu verlegen.

Und Wilhelm Grimm verlangt für solche reiche Reime Wieder-
einführung, weil eine Erweiterung immer Gedanken fesseln lässt.
Da könnte man dann aber behaupten, dass eigentlich jeder reiche
Reim, wenn man mit Moritz den Reimvers als ein Wort betrachtet
und mit Bernhardi den Reim für ein Versspiel hält, eigentlich in
den vor ihm stehenden Bestandteilen des Verses seinen Unreim
habe. Ja, selbst die Bedingung der Inhaltsmodifikation ist eigentlich in jedem Falle erfüllt, da verschiedene Umgebung dem
gleichen Wort auch verschiedenen Sinn gibt, und selbst bei un-
mittelbarer Wiederholung das Wort zum zweitenmale meist nur
die Bedeutung einer Verstärkung hat.

An unreine Reime sind wir eigentlich gewöhnt, hier können
wir versuchen, mit Gründen gegen die Beschränkung einer Freiheit, welche noch unsere Klassiker benutzten, Protest einzulegen.
Beim reichen Reim wird dies wohl wahrscheinlich nutzlos sein,
nicht nur, weil nach A. W. Schlegel sein musikalischer Wert gegen
den geistigen zurücktritt, sondern auch, weil der Geschmack eben
durch die Gewohnheit bestimmt wird, uns also Gründe nichts helfen,
sondern nur Beispiele der Besten, Kräftigsten, die den Geschmack
ändern können, weil sie uns zwingen, uns an neues zu gewöhnen.

Bei den Romantikern haben wir die Frage nach dem Verhältnis

Musik : Sprache

am eingehendsten erörtert. Ganz unbebaut ist dies Gebiet auch

---

[1]) Siehe a. a. O. p. 174.

in neuester Zeit nicht geblieben. Hermann Grimm [1]) sprach den
Wunsch aus, man möge die Vokalreihen in Goethes Gedichten
feststellen, da sich da gewiss Gesetze des Wohllauts ergeben
würden, und Otto Harnack [2]) sagt, „die Anordnung der Vokale
ist von höchster Bedeutung für den Effekt eines Gedichts". Er
ist wahrscheinlich von Wilh. Schlegel beeinflusst, da er dem *A*
einen majestätischen, dem *I* lieblichen Klang zuschreibt. Hermann
Grimm lässt uns im Zweifel, ob er nicht am Ende meint, Goethe
habe es in seiner Gewalt gehabt, gewisse Vokalreihen zum Zwecke
des Wohllauts erklingen zu lassen, ohne einen Kompromiss
zwischen Klang und Sinn zu schliessen. Da aber Goethe selbst in
den N. u. A. zum Divan darauf aufmerksam machte, dass eine
gegenseitige Bedingung von Klang und Sinn stattfindet, so müssten
wir H. Grimms Vermutung auf den Satz einschränken, dass Goethe
womöglich gewisse Gesetze des Wohllauts in der Vokalfolge
erfüllt habe.

Grillparzer [3]) wollte ein Gegenstück zu Lessings Laokoon:
„Über die Grenzen der Musik und Poesie" schreiben, da Töne nur
höchst allgemein und vag bezeichneten, und zwar fast allein Gefühle, nie Sachen. Er stellt fest, dass die Musik zuerst als Sinn-
und Nervenreiz nur mittelbar den Verstand berührend, die Poesie
durch das Medium des Verstandes auf das Gemüt wirke. Die
Musik bringe Vergeistigung des Körperlichen, die Poesie Ver-
körperlichung des Geistigen. Die Spitze dieser Betrachtungen
richtet sich gegen Richard Wagner (vorzüglich gegen die Ouvertüre
zum Tannhäuser), der Opernkompositeur, „dessen Musik ein organisches Leben, eine in sich selbst gegründete Notwendigkeit hat",
kömmt leichter mit den Worten in Kollision, als der mechanische.
Die Streitfrage selbst ist älter, man lese Goethes Artikel „Musik"
in den Zusätzen zu „Rameau's Neffe". Nun übersieht Grillparzer,
völlig unromantisch, allerdings die musikalischen Elemente der
Sprache, durch die sie, wie die Musik, mittelst Sinn und Nervenreiz auf das Gemüt wirkt; aber seiner Ansicht über die Grenzen
dessen, was durch die Musik auszudrücken ist, pflichten auch

---

[1]) „Goethe und Suleika", Preussische Jahrb. XXIV i. ff.
[2]) Preussische Jahrb. 1892, Bd. 69 „Über Lyrik" S. 396.
[3]) Werke Stuttgart Cotta 1872 IX, 141 ff., Zur Musik.

wissenschaftliche Kenner der Musik bei; und zwar auf Grund der
Helmholtz'schen Untersuchungen [1]). Derselbe Zwiespalt aber, zeigt
er sich nicht auch in der Auffassung der musikalischen Elemente
der Sprache? Die eine Richtung, vertreten durch Grimm, verlangt
eine reine harmonische Wirkung der Vokale durch ihre Folge;
trotzdem aber, wie schon Jakob Grimm hervorhob, die Ablaut-
reihen im Deutschen solche Folgen ergeben, kann ihr nicht vollständig Genüge geleistet werden, da eine Kollision zwischen
Harmonie und Sinn oder Gefühl entstehen müsste. Die romantische
Richtung verlangt, dass die Vokale Gefühle malen, wir erinnern
uns, dass Bernhardi ein „Empfindungskonzert", hervorgerufen
durch Vokale im Alarkos, schildert. Auch hier kann nicht vollkommen entsprochen werden, obgleich die Sprache oft Mittel dazu
bietet. Doch muss zugestanden werden, dass in der Sprache das
musikalische Element dem Ausdruck dienen sollte, hier sind wir
Gluckisten. Eine dritte Richtung, der auch. Harnack, vielleicht
unbewusst, folgt, will nicht bloss vage Gefühle, wie sie die Musik
allenfalls auch ausdrücken kann, durch die Vokale malen, sie
geht noch einen Schritt weiter, sie will Vorstellungen durch das
Sprachmaterial erwecken, Adel, Lieblichkeit u. s. w. Und dies
führt uns auf ein Gebiet, wo die Frage nach Wirkung und Ursprung des Reimes sich mit der Frage nach dem Ursprung der
Sprache berührt, auf die Erörterung des Verhältnisses von

Ton : Farbe : Gefühl : Vorstellung.

Gestützt auf Ergebnisse physikalischer Untersuchungen,
wie die Helmholtz' (auch Billroth kennt in dem Aufsatze „Wer
ist musikalisch", den Hanslick in der „Deutschen Rundschau"
veröffentlichte [2]), nur ein Verhältnis zwischen Gehör und Bewegung)
müssen wir dem musikalischen Teil der Sprache die Kraft ab-
sprechen, Vorstellungen zu erwecken, sie seien denn durch As-

---

[1]) Siehe Im neuen Reich 1873 I, 421 ff. Alfred Dove „Das Problem der
musikalischen Ästhetik". wo W. A. Ambros' „Die Grenzen der Musik und Poesie;
eine Studie zur Ästhetik der Tonkunst Leipzig 1872³" besprochen wird, mit
Rücksicht besonders auf E. Hanslicks „Vom Musikalisch-Schönen" Leipzig 1854
und Helmholtz.

[2]) Im Sonderabdruck Berlin, bei Gebrüder Paetel 1896.

sociation mit gewissen Klängen fix verbunden, welche Verbindung
aber natürlich eine individuelle, oder onomatopoetisch roh erzeugt
ist. Töne und gewisse Farben oder Gefühle haben allerdings ein
tertium comparationis, die Intensität des Nervenreizes, den sie
ausüben. Unsere Modernsten schwelgen ja in solchen Erhellungen
eines Sinnes durch den andern, bei denen so oft der umgekehrte
Effekt eintritt und eine Verdunkelung erzielt wird; aber auch
die Psychiatrie, die sich mit der Frage beschäftigte, ist zu keiner
Antwort gekommen, die uns über das hinausführt, was Herder
geahnt hat: dass Gefühl, Nervenreiz, Intensitätsempfindung den
Brennpunkt für die Empfindungen aller Sinne bilden. In diesem
Sinn dürfen sich unsere Neuesten ruhig gelbriechende Städte,
silbergraue Töne und erbsengrüne Gefühle leisten und allenfalls
durch entsprechend abgetönte Reime fixiren.

Wenden wir uns einer geistigeren Seite des Reims, seiner
Verwandtschaft mit dem

Wortspiel

zu, so muss ich vor allem gestehen, dass mich erst Wurth's
interessante Abhandlung über „das Wortspiel bei Shakspere"[1])
auf Jean Paul's „Vorschule der Ästhetik" aufmerksam macht, in
der das Wortspiel eine Besprechung erfährt, die lebhaft an Goethe's
Ausführungen im westöstlichen Divan, N. u. A. erinnert, wo ja
auch Jean Paul selbst mit den orientalischen Dichtern verglichen
wird. Eine ähnliche Arbeit wie die Wurth's ist mir auf germa-
nistischem Gebiete nicht bekannt, diese steht, so verdienstvoll sie
ist, doch vielleicht noch immer zu sehr unter dem Einflusse von
Gerber's wichtigem Werke „Die Sprache als Kunst", das dem
Bewusstsein eine zu grosse Rolle zuteilt und den lebendigen
Übergang einer Erscheinung in die andere zu sehr vernachlässigt.

Die Frage nach dem Gebrauch seltener Reime — hier sagt
schon Bürger sehr vernünftige Dinge, die sich dann A. W. Schlegel
zu Nutze macht — kann nur gelöst werden, wenn genügende

---

[1]) Wiener Beiträge zur engl. Philologie unter Mitwirkung von Luick und
Pogatscher, herausgegeben von Schipper I, Wien und Leipzig, Braumüller 1895.
[2]) 2 Bände Berlin 1885.

Reimwörterbücher,

welche nicht alle möglichen Reime verzeichnen, sondern die
Häufigkeit des Gebrauchs einer Verbindung angeben, vorhanden
sind. Vor allem wären Spezialarbeiten, die dann das Verhältnis
des Reimes zum Inhalt berücksichtigen, wichtig und dienten der
Interpretation. Ich habe mir ein Reimwörterbuch zum „westöstlichen Divan" angelegt, habe aber auch hier gefunden, dass eine
unbefangene Betrachtung immer zu ähnlichen Resultaten führt,
wie jede Zählung (nur glaubt einem heutzutage ohne eine solche
niemand etwas). Reime auf: — ein — und — agen etc. sind im
Deutschen sehr häufig, zu ihnen wird jeder Dichter unwillkürlich
greifen, sobald er einen Gedanken in möglich zwanglose Reime
bringen will. Durch ihre Häufigkeit stehen diese Reime, wie die
auf — ein z. B., die sich so leicht darbieten, fast auf gleicher
Stufe wie die romanischen Flexionsreime: was alles mögliche
ausdrücken kann, drückt gar nichts aus. Und solcher Reime sind
unsere schönsten deutschen Gedichte voll!

Zum Kapitel

Reimbrechung

sei hier nur noch erwähnt, dass der Historiker der Renaissance-
poetik, K. Borinski[1]), in einer Arbeit: „Die Überführung des
Sinnes über den Versschluss und ihr Verbot in der neuern Zeit",
meint, der Reim rege eigentlich geflissentlich zur Sinnesver-
schlingung an. Erst die organisirte Reimzeile bringt strenge syntaktische Gliederung zu stande. Auch er stellt das Enjambement
als Folge der strenger gliedernden, nüchternen Weise des französischen Nordens dar, wie Schuchardt.

Zum Schluss noch ein paar Worte über das Verhältnis

Reim : Figur : Stil.

Wir mussten ja bisher immer darüber klagen, wie eine strenge
Scheidung des Reims von verwandten Erscheinungen nutzlose,

---

[1]) Studien zur Literaturgeschichte, Michael Bernays gewidmet von Schülern
und Freunden, Hamburg und Leipzig 1893.

abstrakte Ergebnisse liefere, da ja der Reim aus diesen andern
Erscheinungen hervor- und in sie übergehe. Die Poetiken, mit
deren Verfassern es so traurig steht, dass man in fünfen oder
sechsen dasselbe Beispiel für den Kettenreim liest, das schon bei
Bernhardi sich findet, trennen immer scharf, um den Schülern
ja gewiss die Teile in die Hand geben zu können; man begegnet
höchstens einem geistreichen Vergleich bei Wackernagel [1]), der
die Alliteration die Anaphora, den Reim die Epiphora des Verses
nennt. Da freut es mich, noch im Augenblick vor Torschluss die
geistvolle kleine Studie Richard M. Meyers „Vom Schüttelreim"
in die Hand bekommen zu haben [2]). Meyer erklärt im Vorbeigehen
die Entstehung des Endreims aus dem häufigen Vorkommen der
Gleichklänge am Satzschluss, die sich durch die Identität der
Endungen von selbst ergeben und erhellt durch diesen Vergleich die Entstehung des Schüttelreimes aus dem Ausgleiten der
Rede. Zum Schüttelreim aber (Bausucht : Saubucht) zieht er noch
die Vertauschung von Wörtern oder Satzteilen, Kontamination
von Sprüchwörtern, wie sie Stettenheim und B. Auerbach zu
humoristischen Zwecken systematisiren, und die Kontamination von
Vorstellungen herbei, um endlich alle diese Erscheinungen der
wichtigen Figur des Chiasmus, der kreuzförmigen Anordnung,
unterzuordnen. Ihm bleibt aber der Chiasmus kein toter Begriff, er
belebt ihn sofort wieder, um ein „tiefsinniges Aperçu" des Philo-
sophen Steffens damit zu beleuchten und so die Vertauschung
von Anfangsbuchstaben, Worten, Satzhälften, Vorstellungen auf
eine psychologische Wurzel zurückzuführen. Und die Naturwissenschaft zieht er nur herbei, um zu zeigen, dass die Kunst kein ge-
sondertes Gebiet ist, sondern dass die Entstehung eines Kunstwerkes
von allgemein gültigen, psychologischen Bedingungen abhängt; wir
dürfen es uns also ruhig gefallen lassen, wenn ihm jedes Kunst-
prinzip, wie nach Darwin die künstliche Zuchtwahl, „systematische
Ausbeutung zufälliger Erscheinungen" ist. Und Meyer ist ein
Herderschüler.

---

[1]) Poetik, Rhetortik und Stilistik, Halle 1888², S. 579.
[2]) Deutsche Dichtung Berlin 1897, Band XXI, S. 78 ff.

So erfahren wir denn zum

Schluss,

dass wir Neuere im besten Fall froh sein müssen, nichts schlech-
teres zu stande gebracht zu haben als die Vorgänger; hätte ich
bei meiner Arbeit nichts für die Zukunft gewonnen, als diese
bescheidene Einsicht, so wäre mir das genug. Und wer wollte
mehr erreichen als die Männer, deren ästhetische Schriften die
schönsten Gedichte sind? Doch ist der Gewinn ein grösserer.
Wer Gedankengeschichte studirt, erlebt sie. Die Ergebnisse, die
das Studium der Wortgeschichte liefert, mögen greifbarer, sicherer
sein, trotzdem diejenigen, die den Wurzeln nachgehen, auch hier
in dunkler Tiefe wühlen. Aber man erlebt Plumperes, Primitiveres
mit. Es ist reizvoller und gefährlicher, Birkenblattgezitter zu
zeichnen, als knorrige Eichenstämme.

Aus Zitaten setzt sich dieser erste Teil, der den Unterbau
einer Reimtheorie bilden soll, zusammen. Aber ist nicht alles
Denken ein Zitiren? Ansichraffen dessen, was uns gemäss, kritisches
Zurückstossen dessen, was unserer Natur zuwider ist, bildet unsere
Eigenart aus, lehrt uns, unsere Kräfte fühlen, im Denken wie im
Leben. Und das starke Daseinsgefühl, das daraus entspringt, das
ist Glück.

Namenregister.

Addison 14.
Adelung IX; 108.
Ambros, W. A. 116[1]).
Antoniewitz IX[4]).
Aristoteles 61.
Armstrong 17[2]).
Auerbach, Berthold 119.
Batteux 7[8]).
Behramgur 37, 40.
Bernhardi, A. F. 74—87, 89, 89[1]). 90.
90[1]), 91[1]), 101[2]), 108, 111, 114,
116, 119.
Besser 19.
Beyer, C. 88[1]), 111.
Biedermann, Freiherr v. 106, 107, 108,
113.
Billroth 116.
Blankenburg IX[1]).
Böcking 55.
Boileau 15, 16, 58.
Borinski 118.
Boteinah 37, 39.
Braitmaier IX[4]).
Bürger IX[4]); 55, 58, 59, 62, 81, 93,
113, 117.
Calderon 33.
Correggio 48.
Cramer 20.
Dante 53, 73, 74.
Darwin 119.
Denis 20.
Delbrück 109.
Dilaram 37, 40.
Dove. Alfred 116[1]).

Dschemil 37, 39.
Egloffstein, Caroline von 35[7]).
Eichhorn 100, 100[1]).
Enweri 36.
Ercilla, Don Alonso da — 68.
Exner, Adolf VIII.
Fenelon 26.
Fontenelle 35.
Forster, G. 17.
Friedrich II. 17.
Fruchtbringende Gesellschaft 19.
Gerber 88[1]), 117.
Gerstenberg 2[2]), 18.
Gleim 18, 19.
Gluck 116.
Goethe VIII, IX, XII; 5[9]), 7[9]), 8[4]), 11[3]),
15[7]), 28, 30, 33—40, 42, 44, 45[2]),
50[1]), 57, 58. 60, 66, 68, 79, 84,
88, 88[1]), 89, 89[1]), 90[1]), 92. 93, 96,
100, 105, 108[1]), 110, 111, 111[1]), 115.
Gottsched IX[4]); 20.
Götz 17, 19.
Grillparzer 115.
Grimm, Hermann 115, 116.
Grimm, Jakob 8[1]), 56, 57, 89, 89[1]), 90,
91, 91[1]), 100[1]), 113, 116.
Grimm, Wilhelm XII; 22, 28, 72, 88,
97—100, 111, 113, 114.
Hafis 36.
Hagedorn 19.
Hamann 13, 14[1]), 26, 40[1]).
Hammer 36.
Harnack, Otto 115, 116.
Hanslick, Ed. 116, 116[1]).

Haym 1[1), 7[9), 13[2), 14[2), 26[4), 27, 27[1),
   28[2), 34[2), 50[1), 66[1), 88.
Hebler, C. X[1).
Heck 8[1).
Helmholtz 116.
Hemsterhuys 54, 54[2), 67[3).
Herder VIII, IX, IX[1), X, XII, XIII;
   1—29, 31[2), 32[2), 33, 33[2), 34, 34[1),
   35, 35[1-4.6), 36[6), 37, 38, 39, 40[1),
   41, 44, 48, 49, 51, 51[1), 54, 54[1).
   56, 57, 58, 58[3), 61, 65, 66, 66[1),
   69, 71, 72, 74, 75, 80, 89[1), 90[1),
   92, 93, 96, 97, 99, 100[2), 101, 102,
   103, 106, 107, 108, 113, 117, 119.
Herder, Emil 35.
Hermann, Niklas 20, 65.
Hildebrand, R. 24[2), 32[2), 72[1), 113,
   114.
Homer 12, 15, 17.
Horaz 14, 20.
Humboldt, A. v. 90[1).
Humboldt, W. v. XII; 89[1), 102.
Jones, W. 17.
Jordan, W. 24.
Kant 18, 75[3), 93
Kirchbach, W. 109, 110, 111.
Kleist, Chr. E. v. 19.
Klopstock IX[4); 16, 21, 42, 49, 51, 55,
   56, 65, 97[2).
Koberstein 29[1).
Kögel, Rud. 100[1).
König 19.
Körner, Th. 111.
Kunow 110.
Lachmann 8.
La Fontaine 19.
Lavater 105.
Leibnitz 35.
Lessing IX[4), X[1); 11[4), 27, 115.
Locke 35.
Lowth 1.
Luther 11.
Malherbe 68.
Mandeville 17.
Matthisson 59.

Mereau, Sophie 20.
Meyer, Richard M. 105[1), 108[2), 119.
Michaelis 10, 35.
Michelangelo 48
Milton 68.
Minor 11[3), 88, 94, 104, 110.
Mohamed 25.
Mörike 13, 111.
Moritz, R. Ph. IX[1); 30—32, 59[1), 65,
   76, 77, 83, 85, 109, 114.
Neukirch 19.
Nikolay, L. H. v. 14[1), 26[4).
Novalis 43—45, 45[2), 48, 75[1), 79, 87,
   90[1), 91.
Ossian 7, 17.
Otfrid 22, 23, 24, 25, 69, 99, 100[1.2).
Ovid 68.
Petrarca 48.
Petron 19.
Platen 100, 111.
Poggel VIII; 57, 83, 88—96, 109, 110.
Pope 11, 11[3), 14, 15, 16, 53, 57, 58.
Prevot 26.
Pott, Aug. Friedr. XII; 101—103.
Racine 67.
Raffael 48.
Rameau 115.
Ramler 7, 20.
Redlich 2[1.2), 14[1).
Reiske 25, 27, 51[1).
Richter, Jean Paul Friedr. 117.
Saadi 36.
Schelling 80.
Scherer, W. XII, XII[1); 8.
Schiller 8[4), 13, 50[1), 52, 53, 58, 58[3),
   61, 67[3), 88, 89.
Schipper 100, 117[1).
Schlegel, Aug. Wilh. 48, 50[1), 52—74,
   76, 77, 78, 80[2), 81, 82, 83, 85,
   85[1), 86, 87[3), 88, 89, 91[1), 93,
   97, 102, 109, 113, 114, 115, 117.
Schlegel, Friedrich 48—52, 54, 55, 60[1),
   67, 74, 78, 93, 94.
Schlegel, J. Ad. 7[3).
Schlegel, J. E. IX, IX[3.4).

Schmidt, F. W. A. 59.
Schubert, Gotthilf Heinr. 35.
Schuchardt, Hugo 109, 118.
Shakespeare XIII; 18, 33, 49, 53, 57, 58, 58[1]), 60[3]), 66[1]), 74, 92, 117.
Staël, Mme., de 11[3]).
Steffens, Henrik 19.
Steinthal 56.
Stettenheim, Julius 119.
Sulzer IX; 100, 104.
Swift 15.
Tasso 53.
Tieck 45—48, 68, 69, 70, 70[1,2]), 82.
Tobler, Ludwig VIII.
Trissin 68.
Valentin, Veit 108.

Verschuir 10.
Vischer, F. Th. 56. 111.
Voltaire 26.
Voss 59, 60. 62.
Wackenroder 42—43, 45, 48, 61, 75[4]), 87, 90[1]).
Wackernagel 22, 28, 88, 97, 98, 99, 119.
Wagner, Richard 115.
Wanick IX[4]).
Weismann, H. 111.
Wieland 31.
Willemer, Marianne v. 40.
Winkelmann 92.
Wolff, F. 88[1]), 99, 100, 100[1]), 104.
Wurth 117.
Zelter 15[7]).